ABC-Buch

für

Vorschuß- und Creditvereine.

Ein alphabetischer Wegweiser

zu

deren Errichtung und Leitung

auf Grund

des neuen Genossenschaftsgesetzes

von

Dr. Glackemeyer

Director des Creditvereins zu Hannover und Verbandsdirector.

Berlin.

J. J. Heines Verlag.

1889.

Druck von Dobrzynski & Müllner, Berlin S.
Kommandantenstr. 44 a.

Vorwort.

Das neue Genossenschaftsgesetz vom 1. Mai 1889 tritt mit dem 1. October 1889 in Kraft. Das Gesetz bringt eine Menge einschneidender Neuheiten auf dem Gebiete des Genossenschaftswesens, so die Einführung zweier neuer Haftarten neben der bisherigen unbeschränkten Solidarhaft.

Schwierig ist darum der Uebergang vom alten zum neuen Gesetze und nicht weniger schwierig die spätere Handhabung der vielen gesetzlichen Vorschriften.

Das vorliegende Buch wird deshalb den Leitern von Creditvereinen und auch anderen Genossenschaften eine willkommene Gabe sein. Dasselbe will in knapper, leicht faßlicher Weise genauen Aufschluß über alle Fragen des neuen Genossenschaftsgesetzes und dessen praktische Anwendung in den Vereinen geben.

Die alphabetische Anordnung ist deshalb gewählt, um in jedem Augenblicke ohne langes Suchen die nöthigen Informationen erlangen zu können.

Hannover, im Juni 1889.

Dr. Glackemeyer.

Abkürzungen.

Die angezogenen §§ bedeuten überall §§ des neuen Genossenschaftsgesetzes vom 1. Mai 1889.

Die fett gedruckten Ziffern bedeuten die §§ selbst, die danebenstehenden kleineren Ziffern die Unterabtheilungen (Absätze) dieser §§.

S. oder s. = Siehe.

Vergl. = Vergleiche.

Abschrift von Urkunden der Genossenschaft.

Mehrfach schreibt das Gesetz vor, daß nicht die Originale von Urkunden der Genossenschaft, sondern Abschriften derselben den Gerichten und Behörden einzusenden sind. „Beglaubigt" zu werden brauchen nur solche Abschriften, von denen das Gesetz dieses wörtlich verlangt. (S. Beglaubigung.) Alle anderen Abschriften gehen unter der Unterschrift des Vorstandes. Nach § 141 wird dieser mit schweren Strafen bedroht, sofern er „wissentlich" falsche Angaben bei seinen schriftlichen Anzeigen 2c. macht.

A. Dem Gerichte (§ 10) sind Abschriften einzusenden:

1. Bei der Anmeldung einer neuen Genossenschaft (vergl. Gründung) behufs Eintragung derselben in das Genossenschaftsregister (§ 11):

a) Das Originalstatut und **eine** unbeglaubigte **Abschrift** desselben, die in beglaubigter Form vom Gericht zurückkommt.

b) **Eine Abschrift** aus dem Protokollbuch der Generalversammlung, aus der die Wahl des Vorstandes und Aufsichtsraths genau hervorgeht. (§ **11**, 3.) Diese Abschrift bleibt in Händen des Gerichts.

2. Jede Zweigniederlassung (§ 14) ist bei dem Gerichte zur Eintragung anzumelden unter Beilegung von zwei Abschriften des Statuts und Beobachtung von § **11**, 3.

3. Die Beschlüsse der Generalversammlung (§ 16) in **zwei** Abschriften behufs Eintragung ins Register:

a) Ueber Aenderung der Statuten.

b) Ueber Aenderung des Unternehmens des Vereins.

c) Ueber Erhöhung des Geschäftsantheils.

4. Die Abschrift der Urkunde über Aenderung in der Zusammensetzung des Vorstandes, über die Wiederwahl des Vorstandes oder einzelner Mitglieder desselben, über Beendigung von Vollmachten einzelner Vorstandsmitglieder, behufs Eintragung ins Register. Die Abschrift ist aus dem betreffenden Protokolle zu machen und von dem Vorstande zu unterschreiben. (§ 28.)

5. Die bestellten Liquidationen sind durch den Vorstand anzumelden und dabei eine Abschrift der Urkunden (Wahlprotokoll) über ihre Bestellung einzureichen, welche bei dem Gericht in Verwahrung bleibt. (§ 82).

6. Seitens des Vorstandes des Revisionsverbandes (vergl. Revision) ist die **„beglaubigte“** Abschrift der Verleihungsurkunde über Anstellung eines Verbandsrevisors an das Gericht jedes Verbandsvereines zu senden. (§ 56).

B. Sonst zu nehmende Abschriften von Urkunden.

1. Der Revisor des Revisionsverbandes hat dem revidirten Vereine einen schriftlichen Revisionsbericht zu erstatten, an den Verbandsvorstand aber eine Abschrift dieses Berichtes einzusenden. (§ **61**, 3.)

2. Der schriftlichen Kündigung eines Gläubigers an Stelle eines Genossen ist in „beglaubigter“ Form beizufügen:

a) Abschrift des Schuldtitels. (§ **64**, 2.)

b) Abschrift des Pfändungs- und Ueberweisungsbeschlusses. (§ 67.)

3. Jeder Genosse kann auf seine Kosten eine Abschrift der Bilanz, sowie der Jahresrechnung von dem Vereine verlangen. (§ **46**, 2.)

Amtsgericht.

Die Zuständigkeit des Amtsgerichts im Fall des Konkurses einer Genossenschaft ist in den §§ 102 und 105 bestimmt.

Anfechtung durch Klage.

Beschlüsse der Generalversammlung, welche gegen das Statut des Vereins oder gegen das Gesetz verstoßen, sind durch Klage beim Landgericht anfechtbar. (§ 49.) Für Schaden, der durch böswillige Anfechtung entstanden, haften die Kläger solidarisch. (§ 50.) Auch die Vorschußberechnung (§ 99) im Konkurse kann von jedem Genossen im Wege der Klage angefochten werden. Die Klage ist gegen den Konkursverwalter bei dem Amtsgerichte zu erheben, welches die Berechnung für vollstreckbar erklärt hat. Das weitere Verfahren zeigen die §§ 104 bis 108.

Anmeldungen beim Gericht.

Jede Genossenschaft hat einen bestimmten Gerichtsstand. (§ 85.) Für die Genossenschaft ist das Gericht zuständig, in dessen Bezirk sie ihren Sitz hat. (§ 10.) Diesem Gerichte sind eine Reihe **Anmeldungen** in Person oder schriftlich in „beglaubigter“ Form zu machen. (§ 148.) Von den Anmeldungen sind zu unterscheiden gewöhnliche Anzeigen, Mittheilungen rc. Nur diejenigen Schriftstücke des Vorstandes müssen beglaubigt werden, bei denen das Gesetz dieses ausdrücklich fordert. Zur Befolgung der Vorschriften über die zu machenden Anmeldungen, Anzeigen rc. können die Vorstände, Liquidatoren, Kuratoren rc. durch Ordnungsstrafen angehalten werden. (§ 152.) Nach § 141 trifft Diejenigen harte Strafe, die bei solchen Anmeldungen und Anzeigen „wissentlich“ falsche Angaben machen.

I. Anzumelden seitens des Vorstandes ist beim Gericht:

1. Die Gründung des „neuen“ Vereins. (Vergl. Gründung.)

2. Jede Neu- resp. Wiederwahl des Vorstandes, sowie jede Aenderung in dessen Personenstande. (§ 28.) Beginn und Beendigung von Vollmachten, jede Aenderung in der Form der Willenserklärung des Vorstandes (§ 29).

3. Jede Zweigniederlassung (Filiale) bei dem Gericht, in dessen Bezirk dieselbe ihren Sitz hat. (§ 14.)

4. Jede Statutenänderung behufs der Eintragung. (§ **16**, 3.)

5. Der Beschluß der Generalversammlung über die Fortsetzung des Vereins, sofern derselbe auf eine bestimmte Zeit (§ **8**, 1) gegründet war. (§ 16.)

6. Die Erhöhung des Geschäftsantheils und die darüber geschehene Bekanntmachung. (§ **16**, 2.)

7. Die Herabsetzung der Haftsumme bei beschränkter Haft. (§ 127.)

8. Die Auflösung der Genossenschaft. (§ **76**, 2.)

9. Die Bestellung der „ersten" Liquidatoren, während jede spätere Aenderung von den Liquidatoren selbst anzumelden ist. (§ 82.)

10. Die Willenserklärung der Liquidatoren. (§ 83.)

11. Die Konkurserklärung. (§ 92.)

12. Den Zusatz zu der Firma: „eingetragene Genossenschaft mit unbeschränkter Haftpflicht". (§ 155.)

Alle Genossenschaften haben zunächst vom 1. Oktbr. 1889 an diesen Zusatz zu ihrer Firma zu machen und dementsprechend die Statuten zu ändern. Die Anmeldung, daß das geschehen ist, ist gleich nach dem 1. Oktbr. 1889 dem Gerichte (§ 10) zu machen. Nachdem können erst etwaige Umwandlungen in eine der beiden anderen Haftarten vorgenommen werden

13. Die Umwandlung aus einer Haftart in die andere. (§ **137**, 3.) (S. Umwandlung.)

II. Anzuzeigen oder einzureichen ist:

A. Seitens des Vorstandes:

1. Die Unterschriften der Vorstandsmitglieder in „beglaubigter" Form, sofern der Vorstand die Anmeldung seiner Wahl nicht in Person dem Gericht machen und dabei die Unterschriften direkt zum Gerichtsprotokoll geben will. (§ **11**, 2.)

2. Bei der Anmeldung eines neuen Vereins ist mit einzureichen (§ 11):

a) Das Vereinsstatut und eine Abschrift desselben.

b) Eine Abschrift aus dem Protokoll der konstituirenden Generalversammlung über die Wahl des Vorstandes und des Aufsichtsraths.

c) Die Liste der Genossen.

Die „erste“ Liste der Genossen wird am einfachsten dadurch hergestellt, daß die Gründer eines Vereins zwei gleichlautende Statuten in der konstituirenden Generalversammlung unterschreiben.

3. Die Beitrittserklärungen der später beitretenden Genossen im Original (§ 15), die beim Gerichte in Verwahrung bleiben. (§ **15**, 3.)

Da nach § 30 jeder Verein ein sog. **Verzeichniß** der Genossen zu führen und dasselbe mit der Liste des Gerichts in Uebereinstimmung zu halten hat, so ist es nöthig, daß jeder Genosse bei seinem Eintritt **zwei** Beitrittserklärungen zu schreiben hat, deren eine dem Gerichte (§ 10) eingesandt wird, während die zweite beim Vereine verbleibt. (Vergl. Beitrittserklärung.)

4. Die Bekanntmachung der Bilanz und der Bewegung (Zu- und Abnahme) in der Mitgliederzahl. Innerhalb 6 Monaten nach Schluß des Geschäftsjahres hat die Bekanntmachung in den vom Statut bestimmten Blättern zu erfolgen. (§ **31**, 2.)

5. Das aufhebende Urtheil des Landgerichts über einen bereits in das Genossenschaftsregister eingetragenen Beschluß der Generalversammlung, welcher durch Klage mit Erfolg angefochten wurde. (§ 49.)

6. Die Aufkündigung der Mitgliedschaft spätestens 6 Wochen vor Schluß des Geschäftsjahres. (§ 67.)

Der Urkunde ist die schriftliche Versicherung seitens des Vorstandes hinzuzufügen, daß die Kündigung rechtzeitig dem Vereine zugegangen war.

Geschieht die Kündigung an Stelle des Genossen seitens eines Gläubigers desselben (§ 64), so ist mit der Kündigung zugleich eine **„beglaubigte“** Abschrift des Pfändungs- und Ueberweisungsbeschlusses einzusenden. (§ 67.) Geschieht die Kündigung infolge Aufgebens des Wohnsitzes, so ist der Kündigende an eine Frist nicht gebunden. Die Einsendung der Kündigung an das Gericht hat vom Vorstande „ohne Verzug“ zu geschehen.

7. Die „beglaubigte“ Anerkennung des Vorstandes bezüglich einer eingetragenen Vormerkung in die Liste des Gerichts behufs seiner Kündigung als Mitglied. (§ **69**, 2.)

8. Die schriftliche Uebereinkunft von Genossen bezüglich Uebertragung der Guthaben. (§ **74**, 2.) Diese Anzeige hat „ohne Verzug“ zu geschehen.

Der Anzeige ist die schriftliche Versicherung hinzuzufügen, daß das bisherige Guthaben mit dem erworbenen Theile zusammen nicht den statutenmäßigen Geschäftsantheil übersteigt Wird der Erwerber des Guthabens erst in dem Augenblicke Mitglied, so hat derselbe eine bindende Beitrittserklärung zu unterschreiben, die den Gerichten mit einzusenden ist.

9. Die unverzügliche Anzeige von dem Tode eines Genossen, sobald derselbe zur Kenntniß des Vorstandes kommt. (§ **75**, 2.)

10. Die schriftliche Erklärung des Genossen, daß er auf einen weiteren (zweiten oder dritten 2c.) Geschäftsantheil betheiligt sein will (§ 131), was jedoch nur bei einer Genossenschaft mit beschränkter Haft möglich ist. Daneben hat der Vorstand eine schriftliche Versicherung seinerseits mit einzusenden, daß die übrigen Geschäftsantheile des Genossen bereits voll erreicht sind.

11. Die **Bescheinigung** des Revisors darüber, daß die Revision ordnungsmäßig geschehen ist. (§ **61**, 2). Nicht aber hat der Vorstand den Revisionsbericht selbst an das Gericht zu schicken.

12. **Innerhalb des Monats Oktober 1889** (§ 164) ein genaues Verzeichniß der Mitglieder des Vereins bis zum 1. Oktober 1889 und der noch vorher auf den Schluß des Jahres 1889 gekündigten Mitglieder.

Diese Bestimmung bezieht sich nur auf den Uebergang von dem alten in das neue Gesetz, dann ist dieselbe gegenstandslos. (Vergl. Ausschlußfrist.)

B. Seitens der Liquidatoren ist einzureichen:

1. Jede Personenveränderung unter den Liquidatoren mit der Beigabe einer Abschrift der Urkunde über die Bestellung (Wahl) der Personen. (§ 82.)

2. Die Bestimmung über die Willenserklärungen der Liquidatoren behufs Eintragung in das Genossenschaftsregister. (§ **83**, 2.)

3. Die Eröffnung des Konkurses, sobald eine Bilanz Ueberschuldung ergiebt. (§ 92.)

4. Die Bekanntmachung der **„ersten“** Bilanz der Liquidatoren. (§ 87.)

C. **Seitens des Konkursverwalters ist einzureichen:**

Die Vorschuß- (§ 99), Zusatz- (§ 106) und Nachschußberechnungen (§ 107) des Verwalters in der sogenannten Umlage. (§ 99, 3.)

D. **Seitens des Vorstandes eines Revisionsverbandes ist einzureichen:**

1. An den Bundesrath resp. an die Zentralbehörde des einzelnen Bundesstaates das Verbandsstatut und die späteren Abänderungen desselben behufs der Prüfung und resp. Bestätigung. (§ **55**, 2).

2. An alle Gerichte der Verbandsvereine das Statut mit einer „**beglaubigten**" Abschrift der Verleihungsurkunde (siehe diese) und alljährlich im Monat Januar ein Verzeichniß der Verbandsvereine den Gerichten (§ 10) und derjenigen höheren Verwaltungsbehörde, in deren Bezirk der Vorstand seinen Sitz hat. (§ 56.) (Vergl. Revisionsverband.)

Aenderung der Statuten.

1. Eine Aenderung der Statuten ist zu jeder Zeit möglich, doch kann dieselbe nur durch Beschluß der Generalversammlung geschehen. (§ **16**, 1.)

2. Nicht jede Abänderung ist indeß durch einfachen Majoritätsbeschluß der Generalversammlung möglich. Eine Mehrheit von drei Viertheilen der erschienenen Genossen ist erforderlich:

a) Für die Abänderung des Unternehmens.
b) Für die Erhöhung der Geschäftsantheile.
c) Für Erhöhung der Haftsumme bei Genossenschaften mit beschränkter Haft. (§ 126.)

Dabei ist für diese Fälle noch in § **16**, 2 resp. § 126 ausdrücklich vorgeschrieben, daß das Statut die Vorbedingung für die abändernden Beschlüsse **wohl erschweren, nicht aber verringern kann.**

3. Alle sonstigen Aenderungen im Statut bedürfen ebenfalls der Mehrheit von drei Viertheilen der erschienenen Genossen, doch „**kann**" das Statut diese Vorbedingung für jeden

einzelnen Fall erschweren (§ **8**, 4) oder verringern (abschwächen). (§ **16**, 2.)

4. Jede Aenderung der Statuten ist dem Gerichte (§ 10) behufs Eintragung ins Genossenschaftsregister anzumelden, dabei sind die Beschlüsse der Generalversammlung in **zwei** Abschriften beizulegen. (§ **16**, 3.) (Die Aenderungen der Statuten eines Revisionsverbandes sind dem Bundesrath resp. der Zentralbehörde einzureichen.) (§ **55**, 2.)

5. Vor der Eintragung hat der Beschluß keine rechtliche Wirkung. (§ **16**, 4.)

6. Die Aenderung im Statut über die Willenserklärungen des Vorstandes haben dritten Personen gegenüber eine erhöhte Bedeutung. (§ 29.)

7. Die Beschlüsse über Abänderung der Haftsumme sind dem Gerichte sofort anzumelden und zu veröffentlichen. (§§ 125 und 128.)

Anfechtung.

Der Beschluß einer Generalversammlung kann event. durch Klage angefochten werden. (§ 49.) (S. Klage und Widerspruch.)

Anlegung von Kassenbeständen (s. Belegung.)

Anleihen (vergl. Spareinlagen.)

Zur Verstärkung seiner Betriebsmittel (s. Betriebsmittel) kann jeder Creditverein nach freiem Ermessen Anleihen in jeder Form und an jeder Stelle machen. Eine besondere Erlaubniß ist also dazu nicht erforderlich. Nur eine Vorbedingung macht das Gesetz in § 47:

„Die Generalversammlung hat festzusetzen den Gesammtbetrag, welchen Anleihen der Genossenschaft und Spareinlagen bei derselben nicht überschreiten sollen".

Das Gesetz macht an dieser Stelle einen Unterschied zwischen **Anleihen** und **Spareinlagen.** Viele Vereine machten denselben Unterschied von jeher, indem sie besondere Bedingungen für die beiden Arten der Anleihen aufstellten. Nothwendig ist eine solche Unterscheidung auch für die Zukunft nicht, die Frage ist lediglich nach den örtlichen Verhältnissen und dem Stande des einzelnen Vereines zu entscheiden.

Antheilscheine (siehe Guthaben).

Anträge zur Generalversammlung.

Die Generalversammlungen werden je nach der Bestimmung im Statut von dem Vorstande oder dem Aufsichtsrath berufen. Beide Organe haben darum die Tagesordnung gemeinschaftlich festzusetzen. In dieselbe sind die Anträge „unbedingt“ aufzunehmen, welche von dem zehnten Theile aller Genossen des Vereins — sofern nicht das Statut eine kleinere Zahl bestimmt hat — spätestens 3 Tage vor der Versammlung schriftlich eingebracht werden. (§ **44**, 2.)

Das Statut kann weitere Bestimmungen treffen, unter denen Anträge auf die Tagesordnung zu setzen sind.

Ueber Anträge, die nicht ordnungsmäßig eingebracht sind, können Beschlüsse nicht gefaßt werden. Ausgenommen davon sind:

1. Anträge auf Leitung der Versammlung, die in jedem Augenblicke einem andern Genossen übertragen werden kann.

2. Anträge auf Berufung einer außerordentlichen Generalversammlung. (§ **44**, 2.)

Werden über nicht ordnungsmäßige Anträge Beschlüsse gefaßt, so können dieselben durch Klage beim Landgericht des Vereins, welches ausschließlich für solche Klage **zuständig** ist, angefochten werden. (§ 49.)

Anträge zur Erörterung **öffentlicher** Angelegenheiten sind überall nicht gestattet. Der Vorstand wird hart bestraft, wenn er solche Anträge gestattet oder nicht verhindert. (§ 143.)

Anzeigen beim Gericht (siehe Anmeldungen).

Arten der Ausleihung (siehe Darlehen).

Aufbewahrung der Bücher und Schriften.

1. Seitens der Vereine.

Der Vorstand ist verpflichtet, Sorge zu tragen, daß die erforderlichen Bücher der Genossenschaft mit der Sorgfalt eines ordentlichen Geschäftsmannes geführt werden. (§§ 31 und 32.) Damit trifft ihn auch die Sorge für die zehnjährige Aufbewahrung dieser Bücher und Schriften.

Nach beendigter Liquidation eines Vereins sind die Bücher und Schriften für die Dauer von 10 Jahren einem gewesenen Mitgliede oder einem **Dritten** in Verwahrung zu geben. Im Fall das Statut dafür keine Bestimmung getroffen, oder die Generalversammlung keinen Beschluß darüber gefaßt hat, wird die Person durch das zuständige Gericht (§ 10) ernannt. Die Einsicht dieser Bücher kann das Gericht den früheren Mitgliedern des Vereins oder deren Rechtsnachfolgern und den Vereinsgläubigern gestatten. (§ 90.)

2. Seitens des Gerichts.

a) Das Vereinsstatut, das erste Beitrittsverzeichniß, Auszug aus dem Protokoll über Wahl des Vorstandes und Aufsichtsraths. (§ 11.)
b) Die Beitrittserklärungen. (§ **15**, 4.)
c) Der Antrag auf Vormerkung zum Austritt. (§ 70.)
d) Die Erklärung über einen weiteren Geschäftsantheil bei beschränkter Haft. (§ 131.)
e) Die Urkunden wegen Uebertragung des Guthabens. (§ 74.)
f) Die Urkunden über Aenderung im Vorstande und Beendigung von Vollmachten. (§ 28.)
g) Die Urkunden über Bestellung der Liquidatoren und Aenderungen dieser Personen. (§ 82.)

Aufgeben des Wohnsitzes (siehe Wohnsitz).

Aufkündigung der Mitgliedschaft (siehe Mitgliedschaft).

Auflösung der Genossenschaft.

Die Auflösung einer Genossenschaft ist jederzeit möglich. Dieselbe ist entweder eine **freiwillige** oder **unfreiwillige.**

Freiwillig kann die Auflösung durch Beschluß der Generalversammlung jederzeit herbeigeführt werden. Der Beschluß bedarf einer Mehrheit von drei Viertheilen der erschienenen Genossen, doch kann das Statut diese Vorbedingung noch durch andere Erfordernisse **erschweren, nicht aber erleichtern** (abschwächen). (§. 76.)

Unfreiwillig kommt die Auflösung:

1. Wenn der Zeitraum abgelaufen ist, für den die Genossenschaft von vornherein errichtet wurde. (§ 77.)

2. Wenn die Mitgliederzahl unter 7 herabsinkt. (§ 78.)

3. Wenn die Genossenschaft sich gesetzwidrige Handlungen zu Schulden kommen läßt. (§ 79.)

4. Für jede Art der Genossenschaft im Fall der Zahlungsunfähigkeit, weil dann der Vorstand **ohne Verzug** die Eröffnung des Konkurses zu beantragen hat (§ 91), und der Konkurs die Auflösung nach sich zieht. (§ 94.)

5. Wenn eine Ueberschuldung sich während der Liquidation herausstellt (§ 92), weil auch dann die Eröffnung des Konkurses sofort zu beantragen ist.

6. Für die Genossenschaft mit **beschränkter** Haft auch ohne vorherige Auflösung, sobald die Ueberschuldung ein Viertheil der Haftsummen aller Mitglieder übersteigt, weil dann gleichfalls der Konkurs **ohne Verzug** anzumelden ist. (§ 134.)

Wenn sich bei einer Genossenschaft mit unbeschränkter Haftpflicht oder mit unbeschränkter Nachschußpflicht eine Ueberschuldung herausstellt, muß nach § 115 resp. 120 eine Generalversammlung **sofort** berufen werden, um zu entscheiden, ob die Genossenschaft aufgelöst werden, oder weiter bestehen bleiben soll.

Die Auflösung der Genossenschaft ist sofort durch den Vorstand resp. die Liquidatoren dem Gerichte (§ 10) zur Eintragung in das Genossenschaftsregister anzumelden. (§ 67.) Die Eintragung hat sofort zu geschehen und ist das Weitere von dem Gerichte anzuordnen.

Aufnahme der Mitglieder.

Kein Verein ist verpflichtet, jeden sich Meldenden als Mitglied aufzunehmen. Die Aufnahme hängt zunächst lediglich von dem Ermessen des Vorstandes und Aufsichtsraths ab. Zurückgewiesene haben nach den Statuten der meisten Vereine allerdings das Recht der Appellation an die Generalversammlung.

Jeder Zugelassene hat eine Beitrittserklärung zu unterschreiben und sonstige Formalitäten im Verein zu erfüllen (siehe Mitgliedschaft).

Nicht durch die Unterschreibung der Beitrittserklärung, sondern durch die Eintragung in die Liste der Genossen durchs Gericht (§ 10) **entsteht** die Mitgliedschaft. (§ 15.)

Nach dem alten Gesetze entstand die Mitgliedschaft in dem Augenblicke der Unterschreibung der Beitrittserklärung.

Gleichgültig ist, ob die Unterschreibung **vor** oder **nach** der Aufnahme durch Vorstand und Aufsichtsrath geschieht.

Nach dem alten Gesetze war es zweifelhaft, ob die Reihenfolge dieser beiden Akte gleichgültig sei, ja es wurde oft die Behauptung aufgestellt, die Mitgliedschaft sei nicht perfekt geworden, wenn die Unterschrift **vor** der Aufnahmesitzung stattgefunden hätte. Das neue Gesetz hat diesem Zweifel ein Ende gemacht.

Aufrechnung gegen Nachschüsse.

1. Im Fall des Konkurses haben die Genossen zur Befriedigung der Gläubiger Nachschüsse zur Konkursmasse zu leisten. Diese Nachschüsse sind nach Köpfen zu leisten, wenn nicht das Statut einen andern Modus bestimmt hat. (§ **98**, 2.)

2. Hat ein Genosse eine anerkannte Forderung an die Genossenschaft, so kann er dieselbe gegen die Nachschüsse **aufrechnen.** (§ **98**, 5.)

3. Dagegen kann ein Genosse für Einzahlungen, die er auf sein Guthaben gegen die Bestimmungen des Statuts schuldig geblieben ist, **nicht aufrechnen** gegen Forderungen, die er etwa sonst an die Genossenschaft hat. (§ **22**, 3.)

Aufsichtsrath.

1. Jede Genossenschaft **muß** einen Aufsichtsrath haben (§ 9), der nur von der Generalversammlung gewählt resp. bestellt werden kann. (§ 34.)

2. Die Mitglieder des Aufsichtsraths **müssen** Mitglieder der Genossenschaft sein. (§ **9**, 2.)

Damit ist nicht gesagt, daß sie schon vor ihrer Wahl Mitglieder

der Genossenschaft sein müssen. Auf alle Fälle aber müssen die Gewählten vor Eintritt in das Amt regelrecht Mitglieder der Genossenschaft werden.

3. Gehören einer Genossenschaft einzelne eingetragene Genossenschaften als Mitglieder an, oder besteht die Genossenschaft ausschließlich aus solchen Genossenschaften — ist sie also eine sogenannte Genossenschafts-Genossenschaft — so können die Mitglieder der einzelnen Genossenschaften in den Vorstand und Aufsichtsrath der Genossenschafts-Genossenschaft gewählt werden. (§ **9**, 2.) (Vergl. Genossenschafts-Genossenschaft.)

4. Das Protokoll über die Wahl des Aufsichtsraths durch die Generalversammlung ist vom Vorstande in **Abschrift** dem Gerichte (§ 10) behufs Eintragung ins Genossenschaftsregister einzusenden. (§ **11**, 3.)

5. Der Aufsichtsrath **hat mindestens** aus 3 Personen zu bestehen, sofern nicht das Statut eine größere Zahl bestimmt hat. Die zur Beschlußfassung nöthige Zahl der Mitglieder ist durchs Statut zu bestimmen, dieselbe kann also **auch kleiner** als die Mehrzahl der Mitglieder sein. (§ **34**, 1.)

6. Der Aufsichtsrath darf keine, nach dem Geschäftsergebniß bemessene Vergütung (Tantième) beziehen. (§ **34**, 2.) (Vergl. Tantième und Besoldung.)

7. Das Amt des Aufsichtsraths ist widerruflich auch vor Ablauf der Wahlperiode. Der Beschluß der Generalversammlung bedarf jedoch drei Viertheile der erschienenen Genossen. (§ **34**, 3.)

8. Mitglieder des Aufsichtsraths dürfen nicht zugleich Mitglieder des Vorstandes, auch nicht **dauernd** Stellvertreter desselben sein. Vorübergehend oder auf eine im Voraus bestimmte feste Zeit ist eine solche Stellvertretung zulässig, doch darf der Stellvertreter dann während der Stellvertretungszeit und bis zu seiner Entlastung keine Funktionen im Aufsichtsrath ausüben. (§ **35**, 1.)

Da aber nur die Generalversammlung entlasten kann, so ist die an sich gute Neuheit im Gesetz durch die lästige Nebenbedingung nahezu lahm gelegt.

9. Ausscheidende Vorstandsmitglieder können vor ertheilter Entlastung (Decharge) nicht in den Aufsichtsrath gewählt werden. (§ **35**, 2.)

10. Der Aufsichtsrath hat die Geschäftsführung des Vereins in allen Theilen zu überwachen und sich von dem Gange der Dinge stetig zu unterrichten. Er kann die spezielle Revision der Bücher rc. auch einzelnen Personen aus seiner Mitte (§ **36**, 1) übertragen, nicht aber seine Obliegenheiten auf Personen, die ihm nicht angehören. (§ **36**, 4.) Er hat die Jahresrechnungen und Bilanzen, wie die Vorschläge des Vorstandes für die Vertheilung des Reingewinns zu prüfen und der Generalversammlung Bericht zu erstatten. (§ **36**, 1.)

Das Statut kann dem Aufsichtsrath weitere Obliegenheiten auferlegen. (§ **36**, 3.)

11. Das Statut kann dem Aufsichtsrath das Recht beilegen, die Generalversammlungen zu berufen und zu leiten. (§ **6**, 3.)

Nach der bisherigen Praxis der Vereine ist auch den Aufsichtsräthen dieses Recht durchweg beigelegt worden und die Vereine thun gut, es dabei auch für die Zukunft zu belassen. Selbstredend wird aber dadurch den Vorständen der Vereine das gesetzliche Recht (§ 42), jederzeit eine Generalversammlung berufen zu können, nicht genommen noch geschmälert. Der Vorstand hat die verantwortliche Leitung der Genossenschaft, ihm muß darum auch das unbedingte Recht zustehen, **jederzeit** eine Generalversammlung zusammen zu berufen, auch selbst gegen den Willen des Aufsichtsraths. Dieses unbedingte Recht des Vorstandes war im alten Gesetz ebenso scharf hingestellt, wie es im neuen sich findet. (§ 42.)

Der Aufsichtsrath **hat** eine Generalversammlung zu berufen, wenn dies im Interesse der Genossenschaft nach seinem Ermessen erforderlich ist. (§ **36**, 2.)

Ist dem Aufsichtsrath die Berufung der Generalversammlungen im Statut beigelegt, so **muß** er eine Generalversammlung berufen:

a) Wenn der Vorstand solche beantragt.

b) Wenn der zehnte Theil oder der im Statut dafür bestimmte geringere Theil der Mitglieder den Antrag darauf unter Angabe des Zwecks und der Gründe schriftlich stellt. (§ 43, 1.)

Kommt der Aufsichtsrath dem Antrage nicht nach, so kann der Vorstand von seinem Rechte selbst Gebrauch machen, das Gericht (§ 10) aber kann die Genossen, falls sie darum nachsuchen, ermächtigen, eine Generalversammlung zu berufen, und in der Berufung diese gerichtliche Ermächtigung bekannt zu geben. (§ 43, 3.)

12. Der Aufsichtsrath vertritt die Genossenschaft:

a) Bei Abschluß von Verträgen mit dem Vorstand, z. B. über Gehaltsbezug, über Bestellung von Kautionen 2c. (§ 37.) (S. Verträge.)

b) Bei Führung von Prozessen gegen den Vorstand, welche die Generalversammlung beschließt. (§ 37, 1.)

c) Bei Prozessen, die gegen Beschlüsse der Generalversammlung angestrengt werden. (§ 49, 2.)

d) Im Termine vor Gericht wegen Einwendungen gegen die Vorschußberechnung im Konkurse. (§ 101.)

In Prozessen gegen Mitglieder des Aufsichtsraths wird die Genossenschaft durch besondere Bevollmächtigte vertreten, die in der Generalversammlung gewählt werden. (§ 37, 3.)

13. Der Aufsichtsrath hat jeden Credit an die Mitglieder des Vorstandes zu genehmigen. Das Statut kann (§ 37, 2):

a) Diese Bestimmung wohl verschärfen aber nicht abschwächen.

b) Jede Creditgewährung an die Mitglieder des Vorstandes ausschließen.

So könnte das Statut z. B. bestimmen, der Beschluß des Aufsichtsraths müsse in diesem Falle **einstimmig** sein.

Wohl die meisten Vereine schlossen schon unter dem alten Gesetze die Creditgewährung an Mitglieder des Vorstandes gänzlich aus, oder stellten dieselbe unter besondere Kontrole einer Kommission. Richtig dürfte sein, diese Praxis auch unter dem neuen Gesetze beizubehalten.

14. Die gleichen Bestimmungen gelten, wenn Vorstandsmitglieder Bürgschaften übernehmen wollen. (§ 37, 2.)

15. Der Aufsichtsrath ist befugt, den Vorstand **vorläufig** vom Amte zu entheben. Wegen einstweiliger Fortführung der Geschäfte hat er in solchem Falle Sorge zu treffen,

dann aber **ohne Verzug** eine Generalversammlung zur definitiven Entscheidung zu berufen. (§ 38.)

Mit Recht ist dem Aufsichtsrath diese weitgehende Befugniß beigelegt, denn es muß möglich sein, einen Vorstand sofort zu beseitigen, dessen Thätigkeit der Genossenschaft zum Verderben gereicht, zudem das Gesetz jedem Vorstande sehr große Rechte in die Hände gegeben hat. Nicht aber ohne Grund bestimmt das Gesetz, daß die Suspendirung des Vorstandes seitens des Aufsichtsraths zunächst nur eine **vorläufige** sein soll und dieser gehalten sein soll, **ohne Verzug** die Generalversammlung zu berufen. Auf diese Weise ist der Vorstand gegen Willkür geschützt und dem Verein ist eine größere Gewähr dafür gegeben, daß ein Aufsichtsrath von vornherein seine Pflicht der Kontrole ordentlich ausübt, **aber auch nicht leichthin** zum großen Nachtheil der Genossenschaft von dem äußersten Rechte Gebrauch macht. Der Aufsichtsrath ist dann sofort der Generalversammlung Rechenschaft schuldig.

16. Der Aufsichtsrath hat gleich dem Vorstande (§ 32) die Sorgfalt eines ordentlichen Geschäftsmannes anzuwenden. (§ 39.)

Diese Bestimmung ist dem Artikel 241 des Aktiengesetzes entlehnt und ist für die Verantwortlichkeit des Aufsichtsraths **neu**, doch wurde nach allgemeinen Rechtsgrundsätzen im gegebenen Falle schon früher in diesem Sinne verfahren.

17. Die Aufsichtsrathsmitglieder haften der Genossenschaft persönlich und solidarisch, wenn durch ihre Vernachlässigung derselben Schaden entsteht. (§ **39**, 2.) Namentlich haften sie im Fall der §§ 32, 88 und 136. Zu der Revision, welche in jedem zweiten Jahre (§ 51) stattfinden muß, ist der Aufsichtsrath zuzuziehen. (§ **61**, 1.)

Im Fall des Konkurses hat die sofort zu berufende Generalversammlung zu bestimmen, ob die Mitglieder des Aufsichtsraths beibehalten oder durch andere ersetzt werden sollen. (§ 97.)

Die Haftung verjährt in 5 Jahren. (§ **39**, 4.)

18. Ausgeschlossene Mitglieder können von dem Tage des Ausschlusses an nicht mehr Mitglieder des Aufsichtsrathes sein. (§ **66**, 4.)

19. Die Liquidation besorgt der Regel nach der Vorstand, doch kann auf Antrag des Aufsichtsraths die Ernennung der Liquidatoren durch das Gericht (§ 10) geschehen. (§ **81**, 3.)

20. Auch die Liquidatoren unterstehen der Ueberwachung des Aufsichtsraths. (§ 87.)

21. Vorstand, Aufsichtsrath und Liquidatoren unterliegen harter Strafe (§ 142):

a) Wenn die Genossenschaft länger als 3 Monate ohne Aufsichtsrath ist.

b) Wenn der Aufsichtsrath für die gleiche Zeit ohne die beschlußfähige Zahl der Mitglieder war.

22. Hat eine Genossenschaft keinen Aufsichtsrath oder besteht derselbe aus weniger als 3 Mitgliedern, so ist den §§ 9 und **34**, 1 des neuen Gesetzes innerhalb 6 Monaten nach dem Inkrafttreten desselben, also bis spätestens 1. April 1890, unbedingt nachzukommen. (§ 158.)

Ausdehnung des Geschäftsbetriebes auf Nichtmitglieder (siehe Nichtmitglieder).

Auseinandersetzung (Abrechnung) mit dem Ausgeschiedenen.

Die Auseinandersetzung findet auf Grund der Bilanz statt. (§ **71**, 2.)

Durch das neue Gesetz hat jedoch diese Materie eine ganz besondere Regelung erfahren.

Nach § 39 des alten Gesetzes konnte der Ausgeschiedene verlangen, daß ihm sein Geschäftsantheil, wie er sich aus den Büchern ergab, innerhalb 3 Monaten nach dem Jahresschluß **unbedingt** ausgezahlt wurde. Ergab sich dann aus den Büchern, daß sein Antheil in Folge von Verlusten theilweise oder ganz aufgebraucht war, so hatte derselbe diesen Verlustantheil zu tragen. Ueber seinen Geschäftsantheil hinaus konnte der Ausgeschiedene jedoch nicht zu der Deckung der Unterbilanz herangezogen werden.

Nach dem neuen Gesetz ist die Frist von 3 Monaten zu 6 Monaten erweitert. Und ferner: Reichen Reservefond und Guthaben aller Mitglieder nicht zur Deckung der Unterbilanz aus, so hat die Genossenschaft das Recht, den Ausscheidenden über seinen Geschäftsantheil hinaus zur Deckung der Schulden nach Kopfzahl oder einem anderen im Statut bestimmten Zahlmodus heranzuziehen. (§ 71.)

Dasselbe Recht hat die Genossenschaft gegen die Erben eines durch Tod ausgeschiedenen Genossen. (§ 75, 3.)

Geht das Guthaben auf einen anderen Genossen durch Uebertragung über, so findet eine Auseinandersetzung nicht statt. (§ 74, 1.)

Bei normalen Zuständen wird die neue Art der Auseinandersetzung mit den Ausgeschiedenen sich von der früheren Art nur in der Theorie unterscheiden, jedoch in Zeiten einer Krise kann diese Neuordnung von wesentlicher Bedeutung für einen Verein sein. Die dann oft in Masse Ausscheidenden können jetzt über ihr Guthaben hinaus zur Deckung der Schulden herangezogen werden, wodurch der Fortbestand der Genossenschaft im Fall der Gefahr um so eher ermöglicht ist.

Ausfall im Konkurse an den Forderungen der Gläubiger.

Der Ausfall, den die Gläubiger im Konkurse eines Vereines erleiden, ist von den Genossen solidarisch zu decken. Je nach der Art der Haftpflicht und aus noch anderen Gründen **ist die Heranziehung zu dieser Deckung eine grundverschiedene.** (Vergl. die verschiedenen Haftarten und das sog. Umlageverfahren.)

Ausleihung der Gelder (siehe Darlehen).

Ausscheiden der Mitglieder (siehe Mitgliedschaft).

Ausschließung eines Genossen.

Wer über die Ausschließung eines Genossen zu beschließen hat, sagt das Gesetz nicht, das Statut hat also zu bestimmen, wer diese Funktion ausüben soll, also entweder der Vorstand oder der Aufsichtsrath oder beide gemeinschaftlich, oder die Generalversammlung. (Näheres siehe Mitgliedschaft.)

Ausschlußfrist (Bestimmung für den Uebergang).

Bei Strafe (§ 152) ist der Vorstand verpflichtet, im Laufe des Monats Oktober d. J. dem Gerichte (§ 10) anzuzeigen, welche Personen am 1. Oktober 1889 Mitglieder des Vereins waren, und welche Personen infolge rechtzeitiger Kündigung mit Schluß des Jahres oder durch Ausschluß aus dem Verein ausscheiden.

Das Gericht hat die Liste zu prüfen und dann in den

Vereinsblättern öffentlich aufzurufen, ob Einwendungen gegen dieselbe zu machen sind. Der Widerspruch gegen die Liste kann innerhalb einer **Ausschlußfrist** von einem Monat erhoben werden. (§ 165.) Personen, die erst später Widerspruch erheben, haben zu beweisen, daß ein Hinderniß die nicht rechtzeitige Erhebung verschuldete, und daß sie innerhalb eines Monats nach Wegräumung dieses Hindernisses diesen Widerspruch erhoben. (§ 168.)

Ausstandsfristen im Gesetz (siehe Fristen).

Austritt aus der Genossenschaft (siehe Mitgliedschaft).

Außerordentliche Generalversammlung (siehe Generalversammlung).

Auszug des Statuts.

Das bei dem Gerichte (§ 10) eingesandte Statut wird nur **im Auszuge** veröffentlicht. Welche Punkte bekannt zu geben sind, besagt § 12. Die späteren Aenderungen sind vom Gerichte nur insofern zu veröffentlichen, als sie nach § 12, Abs. 2 und 4 Bestimmungen zum Gegenstande haben. (§ **16**, 3.)

Nicht also jede Statutenänderung ist zu veröffentlichen, wodurch den Vereinen für die Zukunft Geldausgaben erspart bleiben. So ist z. B. die Veröffentlichung der Wiederwahl von Vorstandsmitgliedern nicht erforderlich.

Beamte.

1. Vorstands- und Aufsichtsrathsmitglieder sind nicht Beamte der Genossenschaft im Sinne des Gesetzes.

§ 24 sagt wörtlich: „Die Genossenschaft wird durch den Vorstand gerichtlich und außergerichtlich vertreten". Und in § 26 heißt es wörtlich: „Die Genossenschaft wird durch die von dem Vorstande in ihrem Namen geschlossenen Rechtsgeschäfte berechtigt und verpflichtet". Die Stellung des Vorstandes ist dadurch genau präcisirt.

2. Die Stellung des Aufsichtsraths ergiebt sich aus den ihm zugewiesenen wichtigen Funktionen. (§ 36 ff.) Ausdrücklich sagt das Gesetz in § 35, daß die Aufsichtsrathsmitglieder den Vorstand **nicht dauernd** vertreten können, „a u c h n i c h t

als **Beamte** die Geschäfte der Genossenschaft führen dürfen".

Nach § **36**, 4 kann der Aufsichtsrath seine Obliegenheiten anderen Personen nicht übertragen, also auch nicht Beamten der Genossenschaft.

3. Jede Genossenschaft hat nach § 40 das Recht, gewisse Geschäfte und Vertretungen an Beamte und Bevollmächtigte zu übertragen. Die Befugniß der Beauftragten richtet sich lediglich nach der ertheilten Vollmacht (siehe Bevollmächtigte).

4. Die Bestellung der Beamten und Bevollmächtigten hat in Gemeinschaft von Vorstand und Aufsichtsrath zu geschehen. Das Statut hat darüber das Nähere festzustellen.

5. In § **40**, 2 ist die Bestellung von Prokuristen oder sogenannten Handlungsbevollmächtigten der Genossenschaft gänzlich untersagt.

Beglaubigungen von Urkunden.

1. Jede Genossenschaft hat eine Menge Schriftstücke an die Gerichte und Behörden im Laufe des Jahres zu senden (vergl. Abschriften und Anmeldungen). Dieselben gehen unter der Vereinsfirma mit den Namen der Vorstandsmitglieder, die statutengemäß zu unterzeichnen haben.

2. Beglaubigt brauchen nur diejenigen Schriftstücke zu werden, von denen das Gesetz solches ausdrücklich verlangt. Dies Verlangen ist ausgesprochen in den §§ 11, 56, 64, 67, 69 und 148. Die Beglaubigung braucht nicht nothwendig eine gerichtliche oder notarielle zu sein, es genügt auch die einer Staats- oder Gemeindebehörde.

Beitrittserklärung.

1. Die Gründer einer Genossenschaft unterschreiben direkt das Statut und erklären damit ihren Beitritt zu dem Vereine.

2. Da nach § 11 das Statut und eine Abschrift desselben mit der ersten Liste der Mitglieder an das Gericht zu senden sind, so ist es einfacher, gleich **zwei** gleichlautende Statuten unterschreiben zu lassen (vergl. Gründung).

3. Später Beitretende (siehe Aufnahme) haben eine bindende Beitrittserklärung zu unterschreiben. (§ 15.) Dieselbe

hat für die Vereine je nach ihrer Haftart eine im Gesetz vorgeschriebene ausdrückliche Bemerkung zu enthalten. (§§ 113 und 121.)

4. Sobald ein Mitglied eines Vereins mit beschränkter Haftpflicht einen zweiten oder weiteren Geschäftsantheil erwirbt, hat dasselbe eine weitere unbedingte Erklärung schriftlich abzugeben, daß es auf diesen weiteren Geschäftsantheil betheiligt sein will. (§ 131.)

Mit der Zahl der Antheile steigt das Vielfache der Haftsumme (§ 129), darum ist diese Erklärung ebenfalls wichtig.

5. Der Erwerber eines Guthabens oder Geschäftsantheils durch Uebertragung (§ 74) hat gleichfalls eine bindende Beitrittserklärung zu unterschreiben, sofern er bis dahin **noch nicht** Mitglied der Genossenschaft war.

6. Die Beitrittserklärungen sind im Original vom Vorstande dem Gerichte (§ 10) behufs Eintragung in die Liste der Mitglieder alsbald einzusenden und verbleiben in Verwahrung des Gerichtes. Erst mit der Eintragung, die **unverzüglich** geschehen muß, entsteht die Mitgliedschaft. (§ 15.) Das Gericht kann auch die Eintragung versagen. (§ 15, 4.)

Jeder Verein hat selbstständig ein Verzeichniß der Genossen zu führen und dasselbe in Uebereinstimmung mit der Liste des Gerichts zu halten. (§ 30) Richtig ist darum, jeden Beitretenden **zwei** Beitrittserklärungen unterschreiben zu lassen und die eine bei den Akten des Vereins zu behalten. Auch empfiehlt sichs, auf der Beitrittserklärung durch Unterschrift der Vorstandsmitglieder zu bescheinigen, in wessen Gegenwart die Unterschrift des neuen Mitgliedes gegeben wurde.

Die Beitrittserklärungen für die verschiedenen Haftarten können lauten:

1. Beitrittserklärung für unbeschränkte Haftpflicht:

Ich erkläre hiermit meinen Beitritt zu der unter der Firma . . . . zu N . . . Eingetragene Genossenschaft mit unbeschränkter Haftpflicht allhier bestehenden Genossenschaft, deren einzelne Mitglieder für die Verbindlichkeiten der Genossenschaft dieser sowie unmittelbar den Gläubigern derselben nach Maßgabe des Gesetzes vom 1. Mai 1889 mit ihrem ganzen Vermögen haften.

N . . ., den . . ten . . . . 18 . . (Unterschrift.)

2. Beitrittserklärung für unbeschränkte Nachschußpflicht:

Ich erkläre hiermit meinen Beitritt zu der unter der Firma . . . . zu N . . . Eingetragene Genossenschaft mit unbeschränkter Nachschußpflicht allhier bestehenden Genossenschaft, deren Mitglieder mit ihrem ganzen Vermögen verpflichtet sind, der Genossenschaft die zur Befriedigung der Gläubiger derselben erforderlichen Nachschüsse nach Maßgabe des Gesetzes vom 1. Mai 1889 zu leisten.

N . . . ., den . . ten . . . . 18 . . (Unterschrift.)

3. Beitrittserklärung für beschränkte Haftpflicht:

Ich erkläre hiermit meinen Beitritt zu der unter der Firma . . . . zu N . . . . Eingetragene Genossenschaft mit beschränkter Haftpflicht allhier bestehenden Genossenschaft, deren einzelne Mitglieder für die Verbindlichkeiten der Genossenschaft dieser sowie unmittelbar den Gläubigern derselben nach Maßgabe des Gesetzes vom 1. Mai 1889 und des Vereinsstatuts mit einer bestimmten Summe haften.

N . . . ., den . . ten . . . . 18 . . (Unterschrift.)

Bekanntmachungen.

1. **Des Vorstandes.** (Vergl.: „Was hat der Vorstand zu thun" unter Vorstand.)

a) Die alljährliche Bilanz. (§ 31.)
b) Alljährlich die Zahl der Mitglieder. (§ 31.)
c) Die Klage gegen Beschlüsse der Generalversammlung. (§ 49.)
d) Die Auflösung der Genossenschaft. (§ 80, 3.)
e) Bilanz und Mitgliederzahl bei Quartalsabschluß, wenn das Quartal an Stelle des Jahres tritt. (§. 114.)
f) Die Vermehrung resp. Verminderung der Haftsummen zum Schluß des Jahres. (§ 133.)

2. **Der Liquidatoren.**

a) Die erste Bilanz nach der Auflösung der Genossenschaft. (§ 87.)
b) Die Versteigerung unbeweglicher Sachen. (§ 87, 2.)
c) Die Aufforderung der Gläubiger nach § 80, 2.

3. **Des Gerichts.**

a) Das Statut im Auszuge. (§ 12.)
b) Die Auflegung der Liste im Gerichtslokal. (§ **12**, 2.)
c) Die Form der Willenserklärungen des Vorstandes resp. der Liquidatoren. (§§ **12**, 3 und 29 und 84.)
d) Bestimmte Abänderungen der Statuten. (§ **16**, 3.)
e) Jede Personenveränderung im Vorstande. (§ 28.)
f) Eventuell das aufhebende Urtheil gegen einen Beschluß der Generalversammlung. (§ 49.)
g) Der Termin zur Erklärung über die Vorschußberechnung im Konkurse. (§ 100.)
h) Die Haftsumme resp. die Abänderung derselben. (§ 125.)
i) Die Betheiligung auf mehrere Geschäftsantheile. (§ 128.)
k) Die Aufforderung wegen Berichtigung der Liste der Mitglieder kurz nach dem 1. Oktober 1889. (§ 165).

4. **Der Zentralbehörde.**

Die Bestimmung, welche Behörden in jedem Bundesstaat unter der Bezeichnung Staatsbehörde (§ 45) und höhere Verwaltungsbehörde (§§ 56, 57, 59, 79) zu verstehen sind. (§ 171.)

Belegung von Kassenbeständen.

Aufgabe der Vereinsleitung einerseits ist, die Betriebsmittel stets flüssig zu erhalten, anderseits muß sie dafür sorgen, **müßige** Kassenbestände baldigst fruchtbar zu belegen.

Das kann geschehen durch Ankauf guter Disconten (Wechsel) und Effekten, durch Ausleihen an Banken und Bankiers 2c.

Die Ausleihung an Banken und Bankiers sollte niemals ohne Sicherstellung seitens derselben geschehen. Diese Art der Belegung von Kassenbeständen gilt nicht als ein Creditgeben an Nichtmitglieder. (§ **8**, 2.)

Das neue Gesetz erleichtert in § **9**, 2 die Gründung von Zentralgenossenschaften (Genossenschafts-Genossenschaften.) Zum Austausch von Geldsummen der Creditvereine und der gegenseitigen Aushülfe ist die Gründung solcher Anstalten für die Verbände resp. Provinzen ins Auge zu fassen.

Beleihung der Guthaben.

Die Creditvereine gewähren keinen sog. reinen Personalcredit. Jedes Darlehn muß durch irgend welche Bürgschaft sichergestellt werden.

Bislang aber bestand noch bei vielen Vereinen die Praxis, bei Darlehen, welche die Höhe der Guthaben nicht überschritten, von einer weiteren Sicherstellung abzusehen. Man nannte diese Art der Ausleihung: „Beleihung der Guthaben“. Das Gesetz macht dieser Praxis einfach dadurch ein Ende, daß es in § **22**, 2 kurz bestimmt: „Das Guthaben darf im geschäftlichen Betriebe nicht zum Pfande genommen werden“.

Beschränkte Haftpflicht (s. Haftarten).

Beschränkungen.

1. Der Zeit.

a) Jede Genossenschaft kann auf eine im Voraus bestimmte Zeit errichtet werden. Das Statut hat den Zeitraum genau anzugeben (§ 8), das Gericht hat die Zeitdauer zu veröffentlichen. (§ 12 Nr. 5.) Die Fortsetzung der Genossenschaft kann jederzeit beschlossen werden. (§ 16.)

b) Die Mitglieder des Aufsichtsraths dürfen nur für eine kurze Zeit Vorstandsmitglieder vertreten. (§ **35**, 1.)

c) Das Statut kann festsetzen, daß für eine bestimmte Zeit, aber nicht länger als 10 Jahre, der ganze Reingewinn in die Reserve fließen soll. Nach Ablauf der Periode kann dieselbe wiederholt werden. (§ 20.)

Diese Bestimmung ist in Rücksicht auf die Darlehnskassen nach Raiffeisen getroffen, die bekanntlich keine Dividenden vertheilen, vielmehr den Reingewinn nach Abzug eines Zinssatzes in die Reserve fließen lassen.

d) Die Kündigung der Mitgliedschaft hat spätenstens 3 Monate vor Schluß des Geschäftsjahres zu geschehen. Durch Statut kann diese Frist erweitert werden, aber nicht über 2 Jahre hinaus. Eine Ausnahme macht § 65 bei Aufgabe des Wohnsitzes, wenn die Mitgliedschaft auf einen gewissen Bezirk beschränkt ist. (§ 65.)

2. **Des Wohnsitzes.**

Jede Genossenschaft kann in ihrem Statut bestimmen, daß die Mitgliedschaft an den Wohnsitz innerhalb eines begrenzten Bezirks gebunden sein soll. (§ 8.)

Beim Fortzuge aus dem Bezirke kann das Mitglied seine Mitgliedschaft **zu jeder Zeit** bis zum Schluß des Jahres auf den Jahresschluß kündigen, aber auch die Genossenschaft kann ihm die Mitgliedschaft kündigen. Auch diese Bestimmung ist im Interesse der Darlehnskasse nach Raiffeisen erlassen, die durchweg die Mitgliedschaft an kleine Bezirke binden.

3. **Des Vorstandes.**

Dem Vorstande sind die Befugnisse im Genossenschaftsgesetz genau beigelegt. Dieselben können durch Statut und Beschlüsse der Generalversammlung aber beschränkt werden. (§ 27.) Dritten Personen gegenüber aber haben die Beschränkungen keinerlei Wirkung.

4. **Der Höhe der Anleihen und des Credits an die einzelnen Mitglieder.**

Die oberen Grenzen der Anleihen und Spareinlagen, sowie des Credits an das einzelne Mitglied hat die Generalversammlung zu bestimmen. (§ 47.)

5) **Auf einen Geschäftsantheil.**

Jeder Genosse eines Vereins mit unbeschränkter Haftpflicht und unbeschränkter Nachschußpflicht darf nicht mehr als **einen** Geschäftsantheil haben (§§ 112 u. 120), doch hat die Bestimmung keine rückwirkende Kraft. (§ 163.)

6. **Der Haftpflicht** (s. Haftarten).

Besoldungen.

Die Creditvereine folgten von jeher dem richtigen Grundsatze: „Die Arbeiter an dem Werke müssen ihren Lohn haben“. Nicht sollen die Vertreter der Vereine sehr hohe Gehalte beziehen, wohl aber soll die angestrengte und vor allen Dingen höchst verantwortliche Arbeit gebührend bezahlt werden.

Das Gesetz regelt diese Frage ganz generell, indem § **24**, 3 kurz bestimmt: „Die Mitglieder des Vorstandes können besoldet oder unbesoldet sein“. Das Weitere überläßt das Gesetz den Vereinen selbst, nur setzt es in § 37 fest, daß der Aufsichtsrath die Genossenschaft bei Abschließung von Verträgen mit dem Vorstand zu vertreten hat.

Zu allen Zeiten haben sich noch immer Männer gefunden, die ohne jede Vergütung die Arbeiten in den Vereinen besorgten, wenn diese so klein waren, die Arbeit nicht honoriren zu können. Und solche Männer werden sich auch in Zukunft finden.

Selbstredend hat auch der Aufsichtsrath begründeten Anspruch auf Bezahlung seiner Arbeit, die früher schon eine sehr große und verantwortliche war und nach dem neuen Gesetze noch viel größer ist. Das Gesetz aber bestimmt in § **34**, 2 wörtlich: „Die Mitglieder des Aufsichtsraths dürfen keine nach dem Geschäftsergebniß bemessene Tantième beziehen". Eine Bezahlung der Arbeit ist damit aber keineswegs ausgeschlossen. (Vergl. Tantième.)

Betriebsmittel.

Die Betriebsmittel der Creditvereine setzen sich zusammen:

1. Aus den erhobenen Eintrittsgeldern.
2. Den angesammelten Reserven.
3. Den eingezahlten Guthaben und Geschäftsantheilen.
4. Den aufgenommenen Anleihen und Spareinlagen.
5. Durch Weiterbegeben (Discontiren) von Wechseln.
6. Durch Lombardiren der bei ihnen lombardirten Papiere.

Auf jede Hülfe des Staates, von welchem zeitweilig zinslose oder gegen sehr niedrigen Zinsfuß Kapitale zu erlangen wären, haben die Vereine von jeher verzichtet. Ebenso auf Unterstützungsgelder von irgend welcher Seite. Das Prinzip der Selbsthülfe und Selbstverwaltung war von jeher oberster Grundsatz für die Genossenschaften.

Eine Hauptaufgabe der Vereinsleitung ist, die Betriebsmittel nicht allein sicher, sondern zugleich so anzulegen, daß zur gegebenen Zeit der Verein stets die nöthigen „flüssigen" Mittel hat, um seinen Pflichten und den von den Mitgliedern gestellten berechtigten Forderungen genügen zu können. Nur zu oft sind die Vereine dadurch in Verlegenheit gekommen, daß ihre Betriebsmittel zu sehr festgelegt waren. (Vergl. Hypotheken und Conto-Corrente.)

Bevollmächtigte (vergl. Beamte.)

1. Nach § 40 kann jede Genossenschaft Bevollmächtigte

bestellen. Die Vollmacht stellt der Vorstand aus, welche jederzeit widerruflich ist und nach welcher sich die Befugnisse des Bevollmächtigten allein richten.

2. Handlungsbevollmächtigte, d. h. Beamte, die volle Handelsfreiheit zum gesammten Betriebe des Vereins besitzen, kann eine Genossenschaft **nicht bestellen.** (§ **40**, 2.) (Siehe Prokurist.)

3. Die Generalversammlung hat die Bevollmächtigten zu wählen und zu bestellen, die die gegen Aufsichtsrathsmitglieder von der Generalversammlung beschlossenen Prozesse führen sollen. (§ **37**, 3.)

4. Gewisse Mitglieder können Bevollmächtigte für sich in die Generalversammlung entsenden, um das Stimmrecht dort für sie auszuüben, so handlungsunfähige Personen, Korporationen, Handelsgesellschaften, Genossenschaften oder andere Personenvereine, auch Frauen (§ **41**, 4), letztere jedoch nur dann, wenn sie durch Statut von der Theilnahme an der Generalversammlung ausgeschlossen sind.

Bilanz.

1. Der Vorstand hat alljährlich die Bilanz der Genossenschaft aufzustellen. Das Statut hat zu enthalten die Grundsätze für die Aufstellung und Prüfung der Bilanz (§ **7**, 3).

2. Mindestens eine Woche lang vor der Generalversammlung hat die Bilanz in dem Lokale des Vereins oder an einer anderen Stelle zur Einsicht der Mitglieder aufzuliegen. Es kann den Mitgliedern die Bilanz aber auch auf andere Weise, z. B. durch Zusendung eines Druckexemplars zur Kenntniß gebracht werden. (§ **46**, 2.)

3. Jeder Genosse hat das Recht, auf seine Rechnung eine Abschrift der Bilanz zu verlangen. (§ **46**, 2.)

4. Die Generalversammlung hat die Bilanz zu genehmigen (§ **46**, 1) und der Vorstand hat dieselbe „innerhalb“ 6 Monaten nach Jahresschluß durch die Vereinsblätter zu veröffentlichen, auch die Bekanntmachung dem Gerichte (§ 10) einzusenden.

5. Tritt an Stelle des Vereinsjahres ein kürzerer Zeitraum als sog. Vereinsjahr, etwa das Quartal, so ist für jedes Quartal eine Bilanz aufzustellen und wie oben damit zu verfahren. (§ 114.)

6. Bei Beginn einer Liquidation ist sofort eine Bilanz aufzustellen, zu veröffentlichen und die Bekanntmachung dem Gerichte (§ 10) einzureichen. (§ 87.)

7. Die Auseinandersetzung (Abrechnung) mit dem Ausgeschiedenen erfolgt auf Grund der Bilanz innerhalb 6 Monaten nach Schluß des Rechnungsjahres. (§ **71**, 2.) (Vergl. Auseinandersetzung.)

8. Im Fall des Konkurses ist sofort eine Bilanz aufzustellen und auf der Gerichtsschreiberei niederzulegen, nach welcher der Konkursverwalter sofort eine Berechnung für die erste Umlage (Vorschußberechnung) zu machen hat. (§ 99.)

Blätter für die Bekanntmachungen.

Das Statut hat die öffentlichen Blätter anzugeben, in denen die Bekanntmachungen seitens des Vereins erfolgen sollen. (§ **6**, 4.)

Nöthig ist, den Vorstand in dem Statut zu ermächtigen, auch andere Blätter für die Bekanntmachungen nach seinem Ermessen benutzen zu können, im Fall die bezeichneten Blätter eingehen sollten. So wird einer unnöthigen Statutenänderung vorgebeugt. Selbstredend genügt auch „ein" Blatt für die Bekanntmachungen.

Bürgschaftsleistung (vergl. Darlehen).

Grundsatz bei den Creditvereinen ist, jedes Darlehen durch eine besondere Bürgschaft sicher zu stellen (vergleiche Beleihung der Guthaben).

Bürgschaft kann Jeder leisten, der sich durch Verträge verpflichten kann.

Die Bürgschaftsurkunden sind mancherlei Art. So weit als thunlich, ist dabei auf die Wünsche der Bürgen bezüglich der Form der Bürgschaft einzugehen. Jeder Verein soll auch aus eigenem Interesse und dem der Bürgen möglichst dafür Sorge tragen, daß dieselben nicht zu Schaden kommen. Die Vereine können nun einmal die Bürgen nicht entbehren.

Die Bürgschaft seitens eines Vorstandsmitgliedes bedarf der besonderen Genehmigung des Aufsichtsraths, sofern nicht das Statut jede Bürgschaftsleistung des Vorstandes überhaupt ausgeschlossen hat. (§ **37**, 2.)

Buchführung.

Das Gesetz schreibt keine bestimmte Art der Buchführung vor. Der Vorstand ist nach § 31 verpflichtet, dafür Sorge zu tragen, daß die erforderlichen Bücher geführt werden. Der Aufsichtsrath hat nach § 36 die Buchführung zu überwachen. Beide Körperschaften haben nach § 32 und § 39 die Sorgfalt eines ordentlichen Geschäftsmannes anzuwenden. Daraus ergiebt sich zwar, daß die Bücher nach kaufmännischen Grundsätzen zu führen sind, doch sind feststehende Formeln damit nicht gegeben.

Bei den Creditvereinen hat sich im Laufe der Jahre eine ganz eigenartige Buchführung herausgebildet, die sich vollauf bewährt hat. Neu gegründeten Vereinen ist nur zu empfehlen, sich nach diesen Mustern zu richten.

Bundesrath (§ 55) (siehe Revisionsverband).

Cautionen.

In den meisten Fällen haben die Vorstandsmitglieder ihren Vereinen Cautionen zur Sicherung guter Geschäftsführung zu stellen. Der Aufsichtsrath hat dabei den Verein zu vertreten und muß ihm überlassen bleiben, die Form und Art der Cautionsbestellung mit dem Vorstande zu vereinbaren.

Central-Genossenschaften (siehe Belegung von Kassenbeständen und Genossenschafts-Genossenschaften).

Conto-Corrente.

Der Conto-Corrente-Verkehr ist jetzt bei den Creditvereinen eine allgemein bekannte Geldgeschäftsform. Derselbe ist deshalb so beliebt, weil er so äußerst bequem ist. Wenige Hinweise werden an dieser Stelle genügen, da ja jedes kaufmännische Rechenbuch genauen Aufschluß über die Art und Weise der Conto-Corrente-Rechnung giebt.

1. Beansprucht ein Mitglied einen Credit in laufender Rechnung, so muß es denselben in irgend einer Art sicher stellen, durch Bürgen oder Hinterlegung von Papieren oder Bestellung einer Cautionshypothek 2c.

Die einfachste Form der Sicherstellung ist die Hinterlegung eines Sola-Sichtwechsels, den die Bürgen eben als Bürgen mit unterschreiben. Der Wechsel läuft 5 Jahre, ohne daß er präsentirt oder protestirt zu werden braucht. Nicht aber ist jeder Bürge bereit, einen Wechsel zu unterschreiben, dann ist eine andere Bürgschaftsurkunde zu wählen.

2. Im Conto-Corrente-Verkehr sollen die Summen nicht lange still liegen, es soll eben eine „laufende“, nicht eine „stillstehende“ Rechnung sein. Die Bewegung auf dem Conto muß sich durch Holen und Bringen von Summen zeigen.

Die Vereinsleiter haben gerade auf diesen Punkt ihr besonderes Augenmerk zu richten, damit die Bewegung nicht zum Stillstande kommt und hinter dieser Form sich feste Capitalanlagen verstecken. Die Bedingungen des Verkehrs sind dem Contobuche des Creditnehmers vorzudrucken.

3. Kleinere Creditvereine sollten sich auf den Conto-Corrente-Verkehr kaum einlassen. Derselbe erfordert die stete Bereitschaft größerer Summen und oft fließen durch denselben den Vereinen plötzlich größere Summen zu, die dann brach liegen.

4. Die richtige Zinsberechnung ist bei dem Conto sehr wichtig. Oft schon haben Vereine dabei eher Schaden erlitten, als Vortheil erzielt. Eine Belehrung über die richtige Art ist indeß leicht zu erlangen aus jedem kaufmännischen Rechenbuche, oder durch Musterberechnungen größerer Vereine.

5. In halbjährigen oder ganzjährigen Perioden muß eine Schlußrechnung für jedes Conto gemacht werden und der Creditnehmer muß diese Schlußrechnung durch Unterschrift anerkennen. Hierauf haben die Vereine unbedingt zu halten, um großen Weiterungen in etwa entstehenden Prozessen oder im Fall des Konkurses des Creditnehmers zu entgehen.

Die Form der Anerkennung kann lauten:

N . . . ., den . . . . . .

An den

Creditverein zu N . . . .

(eingetragene Genossenschaft mit . . . . . .)

Der von Ihnen empfangene Auszug und Abschluß meiner laufenden Rechnung stimmt mit meinen Büchern überein und erkenne hierdurch an, daß ich Ihnen darauf . . . . *M* . . *₰* per 1. . . . . . . 18 . . schulde. In Buchstaben:

(Unterschrift.)

6. Mehrfach sind die Creditvereine bei dem Conto-Corrente-Verkehr dadurch zu Schaden gekommen, daß die Bürgschaftsurkunden nicht richtig abgefaßt wurden, oder schon erloschen waren, als sie zum Zuge kommen sollten, oder ihre Gültigkeit dadurch verloren hatten, daß die Firmeninhaber gewechselt, für die sie bestellt waren ꝛc. Da eben dieser Verkehr auf Jahre im Voraus ausgemacht wird, ist auf die festlegenden Urkunden ein ganz besonderes Augenmerk zu richten.

Controle (siehe Revision).

Copiebücher.

1. Jeder Creditverein, auch der kleinste, muß ein Copiebuch führen, in welches alle Schriftstücke (Briefe ꝛc.) copiert werden. Diese Copien sind, wie alle sonstigen Schriften des Vereins, wenigstens 10 Jahre sicher aufzubewahren.

Die Copiebücher und dazu nöthigen Materialien sind für wenige Mark jetzt überall zu haben und die Handhabung derselben ist ja äußerst leicht.

2. Hat der Verein Wechselverkehr, so hat er auch ein Wechsel-Copiebuch zu führen.

Jede Papierhandlung hat jetzt solche Bücher für billigen Preis auf Lager.

Credit.

Jeder Creditverein nimmt Credit in Anspruch (vergl. Anleihen und Spareinlagen) und gewährt Credit.

1. Das neue Genossenschaftsgesetz hat die Bestimmung: **„Die Generalversammlung hat die Grenzen festzusetzen, welche bei Creditgewährung an Genossen eingehalten werden soll.“** (§ 47, 2.)

Das alte Gesetz kannte eine solche Einschränkung nicht. Jedes Statut hat hinfüro diese Bestimmung aufzunehmen, indeß ist erforderlich, in der Generalversammlung genau festsetzen zu lassen, welchen Begriff man mit dem Worte „Credit“ verbindet. So kann ein Mitglied einen Vorschuß von 15 000 M., bis zur höchsten Grenze des Credits, bekommen; hinterher findet sich dessen Name auf einem Wechsel, der auch ohne diesen Namen absolut sicher wäre. Discontirt der Verein den Wechsel, so ist die Frage, ob er dem Mitgliede über die Grenze hinaus Credit gegeben hat.

2. Das Gesetz verbietet in § 8 die Creditgewährung an Nichtmitglieder und stellt die Nichtbefolgung in § 152 sogar unter Strafe. (Näheres siehe Nichtmitglieder.)

3. Die Gewährung von Credit an Vorstandsmitglieder bedarf der Genehmigung des Aufsichtsraths. (§ 37, 2.)

4. Der Credit kann unter den verschiedensten Formen (auf Schuldschein, Wechsel, Lombard, Hypothek 2c.) gegeben werden. Daß jeder Verein sich dabei nach den örtlichen Verhältnissen richten wird, ist natürlich.

Darlehen (vergl. Sitzung).

Die obere Grenze des Credits, die ein Verein einem Mitgliede gewähren darf, hat die Generalversammlung festzusetzen. (§ 47, 2.) (Vergl. Credit.)

1. Auf Schuldscheine und Wechsel.

Manche Vereine gewähren Darlehne nur auf Schuldscheine, den Wechselverkehr haben sie neben dem Schuldscheine noch nicht eingeführt, oder ihn auch geradezu ausgeschlossen. Die Darlehnskassen nach Raiffeisen schließen den Wechselverkehr prinzipiell von ihrem Geschäftsverkehre aus.

Der Wechsel ist jedenfalls der knappste und doch der beste Schuldschein. Bei ihm kommen Zinsen nicht in Rückstand, die Bürgen bleiben auf dem Laufenden, er gewöhnt die Mitglieder an Ordnung und Pünktlichkeit, die Klage aus ihm ist kurz und bündig, welche auch während der Gerichtsferien angestrengt werden kann, die Vereine haben bei ihm die wenigste Arbeit. Allerdings giebt es immer noch Personen, die einen Wechsel nicht unterschreiben, wohl aber einen Schuldschein als Hauptschuldner oder Bürge. Auf derartige Wünsche und Ansichten haben die Vereine möglichst Rücksicht zu nehmen.

Auch unter den Vereinsleitern bestand noch vielfach eine gewisse Scheu, den Wechselverkehr einzuführen, da derselbe eine genaue Handhabung der vorgeschriebenen Regeln verlangt. Doch auch diese Scheu ist mehr und mehr geschwunden, der Wechselverkehr dringt in immer breitere Schichten und die Lehre vom Wechselverkehr ist mehr Allgemeingut geworden.*)

Zu unterscheiden sind wirkliche Waaren- oder Geschäftswechsel und Vorschußwechsel, letztere so genannt, weil sie an Stelle des Schuldscheines für einen Vorschuß gegeben werden. In der Form, dem Inhalt und der gesetzlichen Handhabung sind jedoch beide Wechselsorten vollständig gleich.

Die Wechsel müssen nach der Praxis der Vereine der Regel nach **drei** gute Unterschriften tragen. Oft discontiren die Vereine Wechsel mit 2 Unterschriften und lassen dieselben durch eine generelle Bürgschaft (Hinterlegung eines größeren Bürgschaftswechsels oder von Staatspapieren oder einer Hypothek 2c.) sicherstellen. Die Frage, ob 3 Unterschriften nöthig sind oder 2 Unterschriften genügen, ist nach der Höhe der Wechsel und der Sicherheit der Unterschreibenden zu beurtheilen. Je kleiner ein Verein, um so genauer sind den Leitern die Verhältnisse der Personen bekannt.

Das Prolongiren von Solawechseln, welches einfach dadurch geschieht, daß ein Prolongationsvermerk auf die Rückseite des Wechsels geschrieben wird, hat manche Gefahr im Gefolge. Richtiger ist, nur Dreimonatswechsel zu discontiren, und wenn es auch Vorschußwechsel sind. Dabei hat der Verein die wenigste Arbeit und die Bürgen bleiben genau auf dem Laufenden.

*) Siehe: Der deutsche Wechselverkehr. Ein Rathgeber für Kaufleute, Bankiers, Gewerbetreibende und Handwerker, insbesondere für Vorstände und Mitglieder von Vorschuß- und Creditvereinen. Von Dr. Glackemeyer. Hannover, Helwing'sche Verlagsbuchhandlung. 1886.

Unterschriften auf Schuldscheinen und auf langlaufenden Wechseln, z. B. Sola-Sichtwechsel, sollten stets zum Schutz gegen Fälschungen im Vereinslokale gegeben werden.

Formular eines Schuldscheines.

Nr. . . . .

Ich Endesunterschriebener bekenne hierdurch, von dem Creditverein zu N . . . . — eingetragene Genossenschaft mit unbeschränkter Haftpflicht — auf mein Ansuchen ein Darlehn von
. . . . Mark, schreibe . . . . Mark am heutigen Tage baar ausbezahlt erhalten zu haben, und verspreche ich dafür . . . pCt. pro anno an Zinsen und Provision **pränumerando** zu vergüten und das Darlehn an den Creditverein
am . . . .
zurückzuzahlen. Wegen aller Ansprüche aus gegenwärtigem Schuldverhältnisse unterwerfe ich mich der Competenz des Königl. Amtsgerichts zu N . . . .

N . . . ., den . . . . 188 (Unterschrift.)

Ich Endesunterschriebener übernehme hiermit die selbstschuldnerische Bürgschaft für die obige Darlehnsschuld nebst Zinsen und Kosten des Herrn . . . . im Betrage von . . . . Mark und willige im Voraus in jede Befristigung des Hauptschuldners, so daß ich bis zur wirklichen Zurückzahlung des Darlehns an den Creditverein zu N . . . . gleich diesem hafte unter Verzicht auf die Einrede der Vorausklagung und Theilung. Auch unterwerfe ich mich gleich dem Hauptschuldner der Kompetenz des Königl. Amtsgerichts N . . . .

N . . . ., den . . . . 188 (Unterschrift des Bürgen.)

2. Auf Conto-Corrent-Conto (siehe dieses).

3. Auf Lombard.

Die Creditvereine lombardiren (beleihen) Staats- und Kommunalpapiere, auch sonstige „gute" Effekten. Vorsicht ist dabei stets geboten. Aber auch Hypotheken und Grundschuldbriefe beleihen die Vereine bei faustpfandlicher Hinterlegung derselben auf kürzere Zeit.

Die richtige Abfassung der Hinterlegungs-(Pfand-)urkunden ist sehr wichtig, damit nicht hinterher die bestellte Sicherheit ungültig ist. Auch das sogenannte Retorsionsrecht ist dabei sehr wichtig (siehe Retorsion). Oft kommen hierbei die Partikularrechte der Staaten in Frage. Die Vereine sollten die Formulare oft gegenseitig austauschen und durch tüchtige Juristen ihre Formulare prüfen lassen.

4. Gegen Hypotheken.

Die Creditvereine sind keine Hypothekenbanken, von der Anlage ihrer Mittel in Hypotheken muß darum strengstens abgerathen werden. Nur im Fall der Noth, um eine Forderung sicher zu stellen oder zu retten, mag man zur Bestellung einer Hypothek greifen. Oft ist's jedoch rathsamer, einen Verlust zu erleiden, als sich durch eine Hypothek große Objekte aufzuladen, die dann wieder nur zu leicht Sorge und Verluste im Gefolge haben. Hypotheken auf industrielle Unternehmungen müssen die Creditvereine grundsätzlich meiden.

Die Bestellung von sogenannten Cautionshypotheken zur Sicherstellung von Conto-Correnten oder des Wechselverkehrs mit 2 Unterschriften ist bei den Vereinen vielfach üblich und angebracht. Aber auch dabei ist große Vorsicht nöthig, denn nur zu oft werden den Vereinen Sicherheiten (II. oder III. Hypotheken) angeboten, die andere Banken auf Grund ihrer Regulative nicht annehmen durften.

Datum des Statuts.

Jedes Statut muß datirt sein. Dasselbe wird entweder das Datum der Gründungsversammlung oder einer späteren Aenderung der Statuten tragen. Das Gericht hat das Datum zu veröffentlichen. (§ 12, Nr. 1.)

Decharge (Entlastung).

Nur die Generalversammlung kann den Vorstand bezüglich der Jahresrechnung und der Bilanz entlasten. (§ 46.)

Jeder Genosse, der durch einen Beschluß der Generalversammlung entlastet oder von einer Verpflichtung befreit wird, hat dabei kein Stimmrecht. (§ **41**, 3.)

Dividende (siehe Reingewinn).

Dritte Personen.

1. Eine Beschränkung der Befugnisse des Vorstandes, die Genossenschaft zu vertreten, hat gegen **dritte Personen** keine rechtliche Wirkungen. (§ **27**, 2.)

Hat also ein Vorstand einen Verein ordnungsmäßig verpflichtet, so ist der Verein auch dann verpflichtet, wenn der Vorstand dabei die Grenze seiner Befugniß überschritten hat.

2. Eine Aenderung der Personen in dem Vorstande resp. unter den Liquidatoren kann vor der Eintragung seitens der Genossenschaft **dritten** Personen gegenüber nur dann geltend gemacht werden, wenn zu beweisen ist, daß diese dritten Personen diese Aenderungen kannten. (§§ 28 und 84.)

3. Der Aufsichtsrath kann seine Funktionen nicht anderen (dritten) Personen übertragen. (§ **36**, 3.)

4. Nach Beendigung einer Liquidation sind die Bücher und Schriften einer **dritten** Person zur Aufbewahrung zu übergeben. (§ 90.) (Vergl. Aufbewahrung der Bücher.)

Doppelmitgliedschaft.

1. Das Gesetz verbietet die sogenannte Doppelmitgliedschaft **nicht**. Dasselbe gestattet nur in § 66, daß eine Genossenschaft ein Mitglied ausschließen **kann**, sofern dasselbe Mitglied einer Genossenschaft ist, die an demselben Orte ein gleichartiges Geschäft betreibt. Für Creditvereine geht das Gesetz noch einen Schritt weiter, indem es den Ausschluß auch dann gestattet, wenn die gleichartige Genossenschaft sich in einem anderen Orte befindet. Diese Bestimmungen in § 66 haben jedoch nach § 159 keine rückwirkende Kraft auf die Doppelmitgliedschaften, die vor dem 1. Oktober 1889 eingegangen sind.

Viele Vereine hatten von jeher gleiche Bestimmungen des Ausschlusses in ihren Statuten; die Richtigkeit der Maßregel muß anerkannt werden.

2. Die Doppelmitgliedschaft bei **un**gleichartigen Genossenschaften liegt indeß in vielen Fällen im Interesse der Mit=

glieder. So muß z. B. ein Mitglied eines Creditvereins zugleich Mitglied eines Rohstoffvereins werden können.

Eine eigenartige Doppelmitgliedschaft gestattet das Gesetz in § 9, 2. Darnach können Genossenschaften Mitglieder einer Genossenschaft werden, ja die „sämmtlichen" Mitglieder einer Genossenschaft können Genossenschaften sein. (Siehe Genossenschafts-Genossenschaft.)

Ehrenrechte, bürgerliche.

Der Verlust der bürgerlichen Ehrenrechte ist nach § 66 ein Grund zum Ausschluß eines Mitgliedes aus einer Genossenschaft. Das Gesetz überläßt dem Statut die Bestimmung darüber, welche Körperschaft den Beschluß zu fassen hat.

Auf Verlust der bürgerlichen Ehrenrechte kann gegen Vorstand, Aufsichtsrath und die Liquidatoren erkannt werden, wenn dieselben:

1. Einen Verein **absichtlich** zu Schaden bringen. (§ 140.)
2. In ihren Schriften und in Vereinsversammlungen **wissentlich falsche Angaben** über die Vereinsverhältnisse machen. (§ 141.)

Eide.

Im alten Gesetz ist in § 22 bestimmt, daß der Vorstand Namens der Genossenschaft Eide zu leisten habe. Im neuen Gesetz fehlt diese Bestimmung, weil diese Frage durch die Civilprozeßordnung gelöst ist.

Einrede der Theilung.

Wird ein Genosse von einem Gläubiger wegen seines im Konkurse der Genossenschaft erlittenen Ausfalles **direct belangt**, so kann er **nicht** die Einrede der Theilung machen. Dieser directe Angriff des Gläubigers ist aber nur bei unbeschränkter Haft nach § 116 und bei beschränkter Haft nach § 135 möglich.

Auf Schuldscheinen muß es in der hinzugefügten **Bürgschaftsurkunde** ausdrücklich heißen, daß die Bürgen auf „Theilung und Vorausklagung" verzichten, andernfalls diese Einrede gemacht werden kann. (Vergl. das Schuldscheinformular unter: Darlehen.)

Einschreibebrief.

Der Beschluß über den Ausschluß eines Mitgliedes aus der Genossenschaft ist dem Ausgeschlossenen durch einen „Einschreibebrief" mitzutheilen. (§ **66**, 3.)

Einsicht kann verlangen:

1. In die Liste auf dem Gerichte Jedermann. (§ **12**, 2.)

2. In das Protokollbuch der Generalversammlung alle Genossen und die Staatsbehörde zu jeder Zeit. (§ 45.)

3. In alle Bücher und Schriften des Vereins der Aufsichtsrath (§ 36) und der Revisor. (§ 61.)

4. In die Jahresrechnung und Bilanz 8 Tage vor der Generalversammlung jeder Genosse. (§ **46**, 2.)

5. In die Vorschußberechnung alle Genossen. (§§ 100 u. 101.)

6. In die nach der Liquidation von einem Dritten aufbewahrten Bücher alle Genossen resp. deren Rechtsnachfolger und die Gläubiger. (§ 90.)

Eintragung.

Das Gericht (§ 10) hat einzutragen:

A. In das Genossenschaftsregister:

1. Das Statut des Vereins. (§ 10.)

2. Die Mitglieder des Vorstandes und deren Willenserklärung. (§ 11.)

3. Die Bestellung (Wahl) des Aufsichtsraths. (§ 11.)

4. Jede Zweigniederlassung. (§ 14.)

5. Jede Abänderung des Statuts. (§ 16.)

6. Den Beschluß über Fortsetzung einer auf Zeit gegründeten Genossenschaft. (§ 16.)

7. Die Aenderung des Gegenstandes des Unternehmens. (§ 16.)

8. Die Erhöhung (§ 16) und Herabsetzung (§ 127) des Geschäftsantheils.

9. Jede Personenänderung im Vorstande und Beendigung ertheilter Vollmachten. (§ 28.)

10. Die Auflösung der Genossenschaft. (§ 76.)

11. Die Einsetzung von Liquidatoren und deren Willenserklärung. (§§ 82 u. 83.)

12. Die Eröffnung des Konkurses. (§ 95.)

13. Die Umwandlung der Genossenschaft aus einer Haftart in die andere. (§ **137**, 3.)

14. Das aufhebende Urtheil in einer Klage gegen einen Beschluß der Generalversammlung, sofern dieser Beschluß bereits eingetragen war. (§ 49.)

B. **In die Liste der Genossen:**

1. Die Gründer des Vereins (erste Liste). (§ 11.)
2. Die später eintretenden Mitglieder. (§ 15.)
3. Den Austritt von Mitgliedern. (§ 68.)
4. Den Vormerk zum Austritt. (§§ 69 u. 70.)
5. Die Berichtigungen der Liste beim Inkrafttreten des neuen Genossenschaftsgesetzes. (§§ 165 u. 169.)

Eintrittsgeld.

Das Gesetz hat darüber keine Bestimmung. Von jeher erhoben die Vereine ein Eintrittsgeld, wobei der Grundsatz galt, dasselbe nicht zu hoch anzusetzen, um den kleineren Leuten den Eintritt nicht zu erschweren. Der Grundsatz wird auch wohl weiter maßgebend sein. Das Eintrittsgeld fließt der Regel nach in die Reserve.

Ungerechtfertigt dürfte sein, nach Höhe der Reserve das Eintrittsgeld zu erhöhen. Wiederaustretende haben ja keinen Antheil an der Reserve. (§ 71, 2.)

Einwendungen gegen die Vorschußberechnung (siehe Termine).

Einzelangriff (siehe Umlage).

Erben.

Die Erben eines verstorbenen Mitgliedes haben die Mitgliedschaft bis zum Schluß des Jahres fortzusetzen. Für mehrere Erben **kann** das Stimmrecht durch einen Bevollmächtigten ausgeübt werden. (§ 75.)

Letztere Bestimmung ist also eine Ausnahme von der Regel in § **41**, 4.

Ersatzpflicht.

Der Vorstand haftet solidarisch:

1. Wenn er seine Obliegenheiten verletzt. (§ **32**, 2.)

2. Wenn er Reingewinn oder Guthaben entgegen den §§ 19 und 22 auszahlt. (§ **32**, 3.)

3. Wenn er Zahlungen nach dem Eintritt der Zahlungsunfähigkeit macht. (§ **92**, 2.)

Der Aufsichtsrath haftet solidarisch:

1. Wenn er seine Obliegenheiten versäumt. (§ 39.)

2. Wenn Auszahlungen von Gewinn und Guthaben entgegen den §§ 19 und 22 mit seinem Wissen und ohne sein Einschreiten geschehen. (§ **39**, 3.)

3. Wenn mit seinem Wissen die Liquidatoren eine Vertheilung des Vermögens ohne Beachtung von § 80, 2 vornahmen. (§ **86**, 3.)

Die Liquidatoren haften solidarisch:

1. Wenn sie ohne Beachtung des § **80**, 2 das Vermögen vertheilen. (§ 88.)

2. Wenn sie Guthaben und Gewinn entgegen den §§ 19 und 22 auszahlen. (§ 136.)

Die Kläger haften solidarisch für Ersatz der Kosten einer unbegründeten Klage gegen Beschlüsse der Generalversammlung, wenn sie bei Erhebung der Klage böswillig handelten. (§ 50.)

Faustpfandliche Hinterlegung (siehe Darlehen).

Firma.

1. Jeder Verein muß eine bestimmte Firma haben. (§ 3.)

2. Die Firma ist vom Gericht zu veröffentlichen. (§ 12.)

3. Die Vorstandsmitglieder zeichnen, indem sie zu der Firma ihre Namen setzen. (§ 25.)

4. Im Fall der Liquidation wird die Firma Liquidationsfirma und die Liquidatoren unterzeichnen durch Hinzusetzung ihrer Namen. (§ 83.)

5. Die jetzt bestehenden Genossenschaften haben nach dem 1. Oktober 1889 zu ihrer Firma hinzuzusetzen: „eingetragene

Genossenschaft mit unbeschränkter Haftpflicht" und können dazu durch Ordnungsstrafen angehalten werden. (§ 155.) Später hat jede Genossenschaft das Recht, zu einer der beiden anderen Haftarten überzugehen. (Vergl. Umwandlung.)

Firmen als Mitglieder.

Lange bestand die Ansicht, die Genossenschaften dürften nur physische Personen zu Mitgliedern aufnehmen. Später nahmen manche Vereine auch Firmen auf, doch bestand die Streitfrage bis in die jüngste Zeit. Das neue Gesetz hat dieselbe dahin entschieden, daß auch Firmen als Mitglieder aufgenommen werden können.

Die Vereine sollten niemals die physischen Inhaber einer Firma, sondern stets die Firma selbst als Mitglied aufnehmen. Mit der Firma hat der Verein das Vermögen der Firma und das der Inhaber, nicht aber umgekehrt. Mit der Firma hat der Verein das wichtige Retensionsrecht und die Rechte des Verkehrs zwischen Kaufleuten überhaupt.

Fortsetzung der Genossenschaft.

Eine auf eine bestimmte Zeit errichtete Genossenschaft (§ **8**, 1) kann fortgesetzt werden. (§ 16.) Der Beschluß erfordert eine Mehrheit von drei Viertheilen der in der Generalversammlung erschienenen Genossen, wenn das Statut nicht andere Bedingungen enthält.

Frauen.

Frauen können bei ihrer Mitgliedschaft sich nicht auf die ihnen sonst etwa zustehenden **Rechtswohlthaten** berufen. (§ 23.) In der Generalversammlung können sie sich durch Bevollmächtigte vertreten lassen, wenn das Statut ihre persönliche Theilnahme ausschließt. (§ **41**, 4.)

Fristen (vergl. Ohne Verzug).

1. Berufung der Generalversammlung mindestens eine Woche vorher. (§ 44.)
2. Auflegung der Bilanz mindestens eine Woche vor der Generalversammlung. (§ 46.)
3. Zur Erhebung einer Klage gegen die Generalversammlung einen Monat. (§ 49.)

4. Anmeldung der Generalversammlung eines Revisionsverbandes an die höhere Verwaltungsbehörde mindestens eine Woche vorher. (§ 57.)

5. Kündigung der Mitgliedschaft mindestens 3 Monate, längstens 2 Jahre vor dem Austritt je nach Bestimmung des Statuts. (§ 63.)

6. Anmeldung der Kündigung beim Gericht seitens des Vorstandes mindestens 6 Wochen vor Jahresschluß. (§ 67.) Im Fall des Todes eines Genossen (§ 75), oder des Ausschlusses (§ 74), oder der Uebertragung des Geschäftsantheils (§ 74) Anmeldung „ohne Verzug".

7. Vertheilung des Vermögens nicht vor einem Jahre seit der letzten Bekanntmachung nach § 80, 2. (§ 87.)

8. Ansetzung des Termins zur Erklärung über die Vorschußberechnung in der Umlage nicht über 2 Wochen hinaus. (§ 100.)

9. Auflegung der Vorschußberechnung spätestens 3 Tage vor dem Termine. (§ 100, 2).

10. Erhebung der Klage gegen die Vorschußberechnung innerhalb eines Monats. (§ 104.)

11. Direkter Angriff der Gläubiger möglich bei der unbeschränkten Haft gegen die Mitglieder nach 3 Monaten (§ 116) resp. gegen die Ausgeschiedenen nach 6 Monaten. (§ 119.) Ebenso bei beschränkter Haft, doch nur bis zur Höhe der Haftsumme.

12. Bestimmung der Länge des Geschäftsjahres (§ 8, 3) spätestens bis 1. Jannar 1890. (§ 157, 1).

13. Verbot der Gewährung von Credit an Nichtmitmitglieder noch 2 Jahre außer Kraft (§ 157), wenn das Statut solche Geschäfte gestattete. (S. jedoch Nichtmitglieder.)

14. Mindestens 2 Vorstands- resp. 3 Aufsichtsrathsmitglieder muß jeder Verein haben spätestens am 1. April 1890. (§ 158.)

15. Generalliste der Mitglieder ist dem Gerichte einzureichen bis Ende Oktober 1889. (§ 164). (Uebergangsstimmung.)

16. Die Ausschlußfrist dauert 1 Monat nach der Bekanntmachung seitens des Gerichts (Uebergangsbestimmung). (§ 165.)

17. Ist nach § 20 eine Gewinnvertheilung ausgeschlossen, so tritt für das Ausscheiden an Stelle des Geschäftsjahres das Quartal. Die Kündigung der Mitgliedschaft hat dann mindestens 6 Wochen und die Anmeldung bei Gericht mindestens 3 Wochen vor Schluß des Quartals zu geschehen. (§ 114.)

Diese Bestimmung ist „neu" und macht eine Ausnahme von der Regel in Rücksicht auf die Darlehnskassen nach Raiffeisen.

Gebühren (siehe Gerichtsgebühren).

Generalversammlung.

1. Alljährlich hat wenigstens **eine** (ordentliche) Generalversammlung stattzufinden zur Erledigung der Jahresrechnung und Bilanz, der Vertheilung des Reingewinns und der Vornahme von Wahlen 2c. (§ 41.) Daneben können **außerordentliche** Generalversammlungen zu jeder Zeit berufen werden. Die ordentliche Generalversammlung hat nach dem Jahresschluß so zeitig stattzufinden, daß die Bilanz innerhalb der vorgeschriebenen Frist — 6 Monate nach Schluß des Jahres — veröffentlicht werden kann.

Das Statut hat Bestimmungen zu treffen über (§ 6, 3):

a) Die Form der Berufung der Generalversammlung.

b) Die Beurkundung der Beschlüsse (siehe Protokollbuch).

c) Den Vorsitz in der Versammlung.

2. **Der Vorstand hat das uneingeschränkte Recht, Generalversammlungen berufen zu können, wenn auch das Statut z. B. den Aufsichtsrath damit betraut.** (§ 42.)

3. Die Berufung hat in der vom Statut bestimmten Form mindestens 8 Tage vorher zu geschehen. (§ 44.)

4. Die Tagesordnung ist bekannt zu geben und Anträge sind darin aufzunehmen, die ordnungsgemäß nach § 43 eingebracht sind und noch 3 Tage vorher bekannt gemacht werden können. (§ 44.) Auch gehört dazu der Revisionsbericht. (§ 61.) (S. Revision.)

5. Der Aufsichtsrath hat eine Generalversammlung zu berufen, sobald solches nöthig ist. (§§ 36 u. 38.)

6. Die Generalversammlung ist **„ohne Verzug“** zu berufen, wenn der zehnte oder der im Statut angegebene geringere Theil der Mitglieder schriftlich unter Angabe des Zwecks und der Gründe es verlangt. Die dabei gestellten Anträge müssen zur Verhandlung kommen. (§ 43.)

7. Sofern dem Verlangen nicht entsprochen wird, kann das Gericht auf Wunsch die Antragsteller ermächtigen, die Generalversammlung selbstständig zu berufen. (§ 43, 3.)

8. Die Rechte der Generalversammlung sind:

a) Wahl des Vorsitzenden, wenn ein besonderer Antrag darauf gestellt und angenommen wird. (§ 44.)
b) Wahl des Vorstandes (§ 24), des Aufsichtsraths (§ 34), der Liquidatoren. (§ 81.)
c) Wahl der Bevollmächtigten zur Führung von Prozessen gegen den Aufsichtsrath. (§ 37.)
d) Aenderung der Statuten. (§ 16.)
e) Abnahme der Jahresrechnung mit Bilanz, Vertheilung des Reingewinns. (§ 46.)
f) Festsetzung des Höchstbetrages der Anleihen und Spareinlagen, Bestimmung der Grenze der Creditgewährung an die einzelnen Mitglieder. (§ 47.)
g) Eventuelle Festsetzung der Einzahlungen nach § 48 (siehe Geschäftsantheil).
h) Ausschluß von Mitgliedern (§ 66), sofern das Statut diese Function nicht einem anderen Organe übertragen hat.
i) Veräußerung unbeweglicher Sachen im Fall der Liquidation. (§ 87, 2.)
k) Bestimmung über Aufbewahrung der Bücher nach Beendigung der Liquidation. (§ 90.)
l) Entscheidung, ob bei Konkurs Vorstand und Aufsichtsrath weiter fungiren sollen. (§ 97.)
m) Auflösung der Genossenschaft. (§ 115.)
n) Fortsetzung der Genossenschaft. (§ 16.)
o) Umwandlung aus einer Haftart in die andere. (§ 138.)
p) Erhöhung der Haftsumme. (§ 136.)

9. Ueber die Art der Abstimmungen in der Generalversammlung schreibt das Gesetz nichts vor. Aber jeder Genosse hat nur eine Stimme. (§ **41**, 2.) Gewisse Genossen können sich durch Bevollmächtigte vertreten lassen (§§ **41**, 3 und 75), jeder Bevollmächtigte kann aber nur einen Genossen vertreten. (§ **41**, 3.) Harte Strafe trifft Denjenigen, welcher Vortheile sich gewähren oder versprechen läßt, wenn er in einem gewissen Sinne stimmt. (§ 145.)

10. Die Beschlüsse der Generalversammlung sind in ein Protokollbuch einzutragen (§ 45) (siehe Protokollbuch).

11. Nach § 49 ist Klage gegen Beschlüsse möglich, wenn sie gegen das Gesetz oder gegen die Statuten verstoßen.

12. Der Vorstand ist an die Beschlüsse gebunden (§ 27), sofern er nicht selbst Klage gegen dieselben erhebt.

13. Den Vorstand trifft harte Strafe, wenn er in der Generalversammlung die Erörterung von Anträgen gestattet oder nicht hindert, welche auf öffentliche Angelegenheiten gerichtet sind. (§ 143.)

14. Durch Statut kann der Generalversammlung eine Reihe weiterer Rechte zugeschrieben werden, selbstredend nicht im Widerspruche mit dem Gesetze, so Entscheidung über Beschwerden über Vorstand und Aufsichtsrath, über Nichtaufnahme sich Gemeldeter, über Ausschluß von Mitgliedern 2c.

Genossenschafts=Genossenschaften.

Nach § **9**, 2 ist es zulässig, daß eine Genossenschaft ausschließlich aus einzelnen Genossenschaften als Mitglieder besteht.

Dadurch ist die Gründung von Centralgenossenschaftsbanken, Centralconsumvereinen 2c möglich gemacht. Die Creditvereine entbehrten bislang solche Institute in den Provinzen und Ländern. Die Central=Creditbank, auf der Basis der beschränkten Haft gebildet, kann die einzelnen Vereine nicht über die Haftsumme hinaus in Gefahr bringen, wohl aber ein Segen für dieselben sein. Der Hauptzweck der Central=Creditbanken würde sein:

1 Ausgleich von Geldüberfluß resp. Geldmangel unter den Vereinen.

2. Crediteröffnung für neugegründete Vereine, was zur rascheren Entwicklung derselben dienen würde.

Genossenschaftsregister (siehe Anmeldung und Eintragung).

Gerichtsgebühren.

Nach § 151 sind Gebühren für Eintragungen 2c. beim Gericht nicht zu zahlen. Die baaren Auslagen des Gerichts reguliren sich nach dem Gerichtskostengesetze. So hat die Genossenschaft die Kosten der Bekanntmachung der Generalliste bei Uebergang in das neue Gesetz zu tragen. (§ **166**, 2.)

Gerichtsstand.

1. Die Genossenschaft hat ihren Gerichtsstand bei dem Gerichte (§ 10), welches ihr Genossenschaftsregister führt.

2. Der Gerichtsstand der Genossenschaft bleibt auch derselbe nach deren Auflösung, bis das Vermögen derselben vertheilt ist. (§ **85**, 2.)

3. Da der Gerichtsstand einer Person sich prorogiren läßt, so ist zu empfehlen, in die Schuldscheine und Wechsel der Vereine einen Prorogationsvermerk zu machen, wodurch die Schuldner den Gerichtsstand des Vereins als den ihrigen anerkennen. (Siehe Formular des Schuldscheines unter Darlehen.)

Gesammtbetrag der Anleihen und Spareinlagen.

Die Generalversammlung hat diesen Betrag zu bestimmen. (§ 47.)

Geschäftsantheil (vergl. Guthaben).

1. Das Gesetz unterscheidet Geschäftsantheil und Geschäftsguthaben oder kurz Guthaben. Geschäftsantheil ist der Höchstbetrag, den ein Mitglied überhaupt einzahlen kann; Geschäftsguthaben ist der jeweilige Theilbetrag, der durch Einzahlungen und Zuschreibungen entstanden ist.

2. **Einzahlungen auf den Geschäftsantheil.**

a) Der Geschäftsantheil kann sofort auf einmal oder auch nach und nach eingezahlt werden.

b) Das Statut hat nach § 7 zu bestimmen:

aa) Den Höchstbetrag des Geschäftsantheils. (Höchstbetrag.)
bb) Den Theilbetrag vom Geschäftsantheil bis zu dem einzuzahlen jeder Genosse unbedingt verpflichtet ist. (Normalbetrag.)
cc) Die Beträge nach Höhe und Zeit der Einzahlungen bis deren Gesammtsumme wenigstens $^1/_{10}$ des Geschäftsantheils beträgt. (Minimalbetrag.)

Eine Herabsetzung der einmal festgesetzten Beträge unter cc und die Verlängerung der Fristen zu deren Einzahlung ist nach § 22 nur möglich unter den schweren Bedingungen, welche § 80 für die Auflösung der Genossenschaft vorschreibt. Von vornherein bemesse man also die Einzahlungen nicht zu hoch und die Fristen nicht zu kurz.

Wenn das Statut die Einzahlungen auf den Theilbetrag unter bb nicht nach Höhe und Zeit festsetzt, so hat diese Festsetzung alljährlich die Generalversammlung zu besorgen. (Siehe Generalversammlung Nr. 8, g.)

Auch hier ist Vorsicht geboten, damit nicht alsbald hinterher Aenderungen des Statuts erforderlich sind.

c) Schuldig gebliebene Einzahlungen dürfen nicht erlassen werden. (§ 22.)
d) Genossen, die mehr als nöthig einzahlen, können im Fall eines Verlustes andere Genossen, die nur einzahlten, wozu sie verpflichtet waren, nicht in Anspruch nehmen. (§ 21.)

3. Zuschreibungen zum Geschäftsantheil.

a) Die Dividende ist dem Guthaben so lange zuzuschreiben, bis der Geschäftsantheil erreicht ist. Das Statut kann jedoch bestimmen, daß die Auszahlung der Dividende schon früher geschehen kann. (§ **19**, 1.)
b) Die Dividende muß in dem Falle unbedingt so lange dem Guthaben zugeschrieben werden, bis der Theil wieder ersetzt ist, der durch Verlust verloren ging. (§ **19**, 2.)
c) Ueber Zuschreibung des Gewinnes durch die Liquidatoren entscheidet § 89.

4. Das Guthaben darf nicht vor dem Ausscheiden des Genossen ausgezahlt werden. (§ 22.) Geschieht das doch, so

sind Vorstand und Aufsichtsrath eventuell zum Ersatz solidarisch verpflichtet. (§ 136.)

5. Das Guthaben darf nicht zum Pfande, d. h. nicht beliehen werden. (§ 22.) (Siehe Guthaben.)

6. Ein Aufrechnen gegen schuldig gebliebene Einzahlungen ist nicht zulässig. (§ 22, 3.)

7. Zinsen von bestimmter Höhe werden auf die Guthaben überall **nicht** vergütet. (§ 21.)

8. Eine Erhöhung des Geschäftsantheils durch Beschluß der Generalversammlung ist nur mit $^3/_4$ Mehrheit der Erschienenen möglich. Das Statut kann noch schwerere Bedingungen dafür aufstellen. (§ 16.)

9. Uebertragung der Guthaben möglich. (§ 74.) (Siehe Mitgliedschaft.)

10. Nur **ein** Geschäftsantheil möglich bei unbeschränkter Haft (§ 112) und bei unbeschränkter Nachschußpflicht (§ 120). Die Bestimmung aber hat keine rückwirkende Kraft (§ 163).

11. **Mehrere** Geschäftsantheile möglich bei beschränkter Haft, doch muß die höchste Zahl im Statut festgesetzt sein. (§ 128.) Mit der Zahl aber steigt gleichzeitig die Haftsumme. (§ 129.) Der Erwerber eines neuen Geschäftsantheils hat schriftlich zu erklären, daß er mit diesem weiteren Antheile betheiligt sein will, welche Erklärung dem Gerichte einzureichen und dabei vorstandsseitig zu versichern ist, daß die früheren Antheile des Genossen voll eingezahlt sind. (§ 131.)

Geschäftsjahr.

Das Geschäftsjahr fällt für gewöhnlich mit dem Kalenderjahre zusammen. Die erste Geschäftsperiode ist meist kürzer als ein Kalenderjahr, da die Gründung eines Vereins meist nicht auf den ersten Januar fällt. Das Statut hat zu bestimmen, daß dieser kürzere Zeitraum als ein Geschäftsjahr betrachtet werden soll. (§§ 8, No. 3 und 12, Nr. 6.)

Ueberhaupt kann ein kürzerer Zeitraum, z. B. das Quartal, an die Stelle des Geschäftsjahres treten. (§ 114.)

Bis zum 1. Januar 1890 **muß** das Statut diese Bestimmung aufgenommen haben. (§ **157**, 1.)

Geschäftslokal.

Die Jahresrechnung nebst Bilanz hat mindestens 8 Tage vor der Generalversammlung im Geschäftslokale oder an sonst geeigneter Stelle aufzuliegen. (§ **46**, 2.)

Bestimmt das Statut, daß die Bilanz im Geschäftslokale aufliegen soll, so ist eine diesbezügliche Bekanntmachung überall nicht nöthig. Hat das Statut diese Bestimmung nicht getroffen, so hat der Vorstand jedesmal bekannt zu machen, wo die Bilanz 8 Tage vor der Generalversammlung aufliegt.

Gewinnvertheilung (siehe Reingewinn).

Gläubiger der Genossenschaft.

1. Den Gläubigern einer Genossenschaft haften die Genossenschaft als solche und die einzelnen Genossen.

2. Je nach der Haftart haften die Genossen verschieden. (§ 2.) (Vergl. Haftarten.) Die Beitrittserklärung **muß** darüber einen besonderen Vermerk enthalten, andernfalls ist dieselbe ungültig. (§ 113.) (Siehe Beitrittserklärung.)

3. Bei Auflösung der Genossenschaft sind deren Gläubiger **drei** mal öffentlich aufzurufen. (§ 80, 2).

4. Das Vermögen der Genossenschaft darf nicht eher unter die Mitglieder vertheilt werden, bis **alle** Gläubiger gedeckt resp. sichergestellt sind. (§ 88.)

5. Das Klagerecht (Einzelangriff) der Gläubiger gegen den einzelnen Genossen erlischt in **zwei** Jahren nach dem in § 116 gesetzten Termine. (§ 117.)

6. Vorstand, Aufsichtsrath resp. Liquidatoren haften solidarisch den Gläubigern im Fall des § 136.

7. Der Privatgläubiger eines Genossen kann unter Umständen an Stelle des Genossen die Mitgliedschaft kündigen und die Auszahlung des Guthabens erzwingen. (§ 64.) Das Gericht hat auf Antrag eines solchen Gläubigers die Kündigung in der Liste vorzumerken (§ 69) und darüber dem Vorstande wie dem Genossen Nachricht zu geben. (§ 70.)

Gläubigerausschuß.

Bei der Eröffnung des Konkurses **muß** das Gericht sofort einen Gläubigerausschuß ernennen. (§ 96.) Der Ausschuß ist auch zu hören im Termin zur Erklärung über die Vorschußberechnung. (§ 101.)

Die Konkursordnung schreibt nur vor, daß ein Gläubigerausschuß bestellt werden **kann**, das Genossenschaftsgesetz ist also in diesem Punkte strenger. (Vergl. Konkursordnung § 79.)

Gläubigerversammlung.

Die Gläubigerversammlung hat den vom Gericht bestellten Gläubigerausschuß zu bestätigen, oder einen anderen zu wählen. (§ 96.) Die Gläubigerversammlung hat die Stelle zu bestimmen, bei der die eingezogenen Beiträge belegt werden sollen. (§ 103.)

Gründung einer Genossenschaft.

Eine Genossenschaft, namentlich ein Creditverein, sollte nur da gegründet werden, wo ein Bedürfniß dazu vorhanden ist. Eine Erlaubniß zu der Gründung ist von keiner Seite nöthig. Ebenso wenig eine Anmeldung der Gründerversammlung bei irgend einer Behörde. Nöthig ist die vorherige Verständigung im engeren Kreise über die Haftart, welche man zu Grunde legen will, und über das der Gründungsversammlung vorzulegende Statut, welches nach § 5 schriftlich abgefaßt sein muß. Zur Abfassung desselben dienen die Musterstatuten und die Statuten benachbarter Vereine. Jede Genossenschaft nimmt das Vertrauen und den Credit der nächsten Umgebung in Anspruch, deshalb kann ein neu gegründeter Verein nur hoch kommen, wenn uur Männer, die das Vertrauen ihrer Mitbürger besitzen, die Gründung und Leitung in die Hand nehmen. Das folgende **Gründungsprotokoll** veranschaulicht am einfachsten die praktische Handhabung der Gründung eines neuen Vereins.

N . . . ., den . . . . 18 . .

Auf Einladung der Herren W. Schulze, K. Müller und H. Meyer von hier versammelten sich am heutigen Tage Nachmittags 5 Uhr im Lokale des Gastwirths G. Rose hierselbst

25 Herren mit der Absicht, einen neuen Creditverein (resp. Rohstoffverein oder Consumverein ꝛc.) als eingetragene Genossenschaft ins Leben zu rufen.

Man erwählte per Acclamation Herrn W. Schulze zum Leiter der Versammlung und den Mitunterzeichneten K. Müller zum Protokollführer.

Herr Schulze übernahm den Vorsitz und sprach sich des Längeren über den Zweck der Versammlung aus und diese erklärte einstimmig, daß sie zur Bildung eines neuen Creditvereins bereit sei.

Herr Schulze verlas darauf das Statut des neuen Vereins, welches vom . . . . 18 . . datirt ist, 64 Paragraphen enthält und die Ueberschrift trägt: Statut des „Creditvereins zu N. . . ., eingetragene Genossenschaft mit . . . . . .“. Die Versammlung nahm das Statut ohne Debatte — oder nach kurzer Debatte — einstimmig als Statut des neuen Creditvereins an und alle 25 Anwesenden unterschrieben dasselbe, sowie dessen wörtliche Abschrift eigenhändig. (Die Unterschreibung **muß** geschehen.) (§ **11**, 1.)

Sodann trat man unter dem Vorsitz des Herrn W. Schulze sofort zu der ersten Generalversammlung des neuen Creditvereins zusammen, in der wiederum K. Müller das Protokoll weiter führte.

Auf Grund des § . . des Vereinsstatuts schritt man in einem Wahlgang zu der Wahl des Aufsichtsraths. Gewählt wurden mit absoluter Stimmenmehrheit die Herren: W. Schulze, K. Müller, C. Rost . . . . . (So viele Namen, als der § . . vorschreibt.) Die Gewählten nahmen die Wahl an. Sodann schlug der neue Aufsichtsrath der Versammlung auf Grund des § . . der Statuten Herren R. Meyer zum Director, G. Rose zum Kassirer und P. Rath zum Controleur des Vereins vor. Die Wahl wurde auf Grund des § . . in drei getrennten Wahlakten durch Stimmzettel vorgenommen und wurden gewählt:

Herr R. Meyer mit 25 Stimmen zum Direktor, Herr G. Rose mit 24 Stimmen zum Kassirer, während eine Stimme auf Herrn G. Bünger fiel.

Herr P. Rath mit 22 Stimmen zum Controleur, drei Stimmen fielen auf Herrn C. Kraft.

Die drei gewählten Herren nahmen die Wahl an.

Nachdem die Versammlung den gewählten Vorstand einstimmig ermächtigt hatte, selbstständig jede Aenderung des Statuts vorzunehmen, die behufs Eintragung in das Genossenschaftsregister seitens des Gerichts etwa gefordert werden sollte, wurde vorstehendes Protokoll wörtlich vorgelesen und einstimmig genehmigt.

Schluß der Versammlung 7 Uhr Abends.

gez. K. Müller, Protokollführer.
gez. W. Schulze, Vorsitzender.

Demnächst begeben sich die drei gewählten Vorstandsmitglieder an das zuständige Gericht (§ 10), **legen die beiden unterschriebenen Statuten und eine einfache, unbeglaubigte Abschrift des Protokolls vor** und beantragen die Eintragung des neuen Creditvereins in das Genossenschaftsregister. Zugleich haben die drei Mitglieder des Vorstandes ihre Unterschrift zu zeichnen, in welcher sie später für den Verein unterschreiben. Nach § 148 haben „sämmtliche" Vorstandsmitglieder diese Anmeldung in Person oder in beglaubigter Form zu besorgen.

Die Eröffnung des neuen Vereins kann erst nach der Eintragung in das Genossenschaftsregister und der Veröffentlichung durch das Gericht stattfinden. (§ 13.)

Guthaben (siehe Geschäftsantheil).

1. Das Guthaben darf vor dem Ausscheiden des Genossen **nicht** ausgezahlt werden. (§ 22.)
2. Das Guthaben darf **nicht** beliehen werden. (§ 22.)
3. Eine Aufrechnung gegen das Guthaben ist nicht statthaft. (§ 22.)
4. Feststehende Zinsen werden auf die Guthaben **nicht** vergütet. (§ 21.)
5. Ueber Mehreinzahlungen als erforderlich, siehe § 21.

6. Die Vertheilung des Reingewinns geschieht nach Verhältniß der Guthaben, wenn das Statut nichts Anderes bestimmt. (§ 19.)

7. Vorstand, Aufsichtsrath und Liquidatoren sind persönlich und solidarisch haftbar, wenn das Guthaben entgegen der §§ 19 und 22 doch ausgezahlt wurde. (§§ 32 und 136.)

8. Der Privatgläubiger eines Genossen kann unter Umständen die Auszahlung des Guthabens gerichtlich erzwingen. (§ 64.) (S. Gläubiger, Nr. 7.)

9. Die Auszahlung des Guthabens an den ausgeschiedenen Genossen hat zu geschehen auf Grund der Auseinandersetzung mit ihm nach § 71 innerhalb 6 Monaten nach seinem Austritt.

10. Das Klagerecht auf Auszahlung des Guthabens verjährt in zwei Jahren. (§ 72.) Beginn der Verjährung sechs Monate nach dem Austritt.

11. Das Guthaben kann auf eine andere Person übertragen werden, wenn das Statut solches gestattet. (§§ 74 und 132.) Besser ist, die Uebertragung nicht zu gestatten.

12. Die Vertheilung des Vermögens nach der Liquidation geschieht auf Grundlage der Guthaben. (§ 89.)

13. Bei beschränkter Haft ist jedes Jahr mit der Bilanz die Vermehrung resp. Abnahme der Guthaben der Mitglieder zu veröffentlichen. (§ 133.)

Haftpflicht.

Das alte Gesetz kannte nur die unbeschränkte Haftpflicht, das neue Gesetz enthält drei Haftarten, die **unbeschränkte Haft**, die **unbeschränkte Nachschußpflicht** und die **beschränkte Haft**.

Die jetzt bestehenden Vereine haben vom 1. Oktober 1889 an zunächst die unbeschränkte Haft im Sinne des neuen Gesetzes fortzuführen (§ 155) und dementsprechend auf die Zeit ihre Statuten zu ändern. Nach dem 1. Oktober 1889 können sie dann auch nach ihrem Ermessen zu einer der beiden anderen Haftarten übergehen. (S. Umwandlung.)

Genossenschaften, **die nach dem 1. Oktober 1889 neu gegründet werden**, können von vornherein entscheiden, auf welche Haftart sie sich stellen wollen.

Wer in eine Genossenschaft eintritt, haftet auch für die **vor** seinem Eintritt eingegangenen Verbindlichkeiten. Ein entgegenstehender Separatvertrag ist ohne rechtliche Wirkung. (§ 23.)

1. **Die unbeschränkte Haftpflicht.**

Bei der unbeschränkten Haftpflicht haften die Mitglieder mit ihrem ganzen Vermögen für alle Verbindlichkeiten des Vereins solidarisch. (§ 23.) Soweit die Konkursmasse die Verbindlichkeiten eines Vereins nicht deckt, wird der Rest allerdings zunächst durch ein Umlageverfahren zu decken gesucht, doch hat jeder Gläubiger, sofern er einen Ausfall erleidet, nach § 116 das Recht, jedes einzelne Mitglied für den Ausfall direct zu belangen. Dieses Recht der Gläubiger erstreckt sich auch nach § 119 auf gewisse Ausgeschiedene (siehe Nachschußberechnung). Das Umlageverfahren ist indeß so wesentlich verbessert, daß bei richtiger Handhabung desselben der sogenannte Einzelangriff lange nicht mehr die Gefahren in sich birgt, wie das unter dem Gesetz vom 4. Juli 1868 der Fall war.

Die Umwandlung in eine der anderen Haftarten hat mancherlei Schwierigkeiten. Nur aus den lokalen Verhältnissen heraus ist zu beurtheilen, ob eine Umwandlung vorzunehmen angezeigt und möglich ist (siehe Umwandlung).

2. **Die unbeschränkte Nachschußpflicht.**

Diese Haftart ist **neu** in dem Gesetz. Die einzelnen Genossen haften nach derselben wohl solidarisch mit ihrem ganzen Vermögen für alle Verbindlichkeiten der Genossenschaft, aber sie können nicht von den Gläubigern im Fall des Konkurses direkt angefaßt werden. Der Ausfall im Konkurse ist lediglich auf dem Wege der Umlage zu decken. Auch die in den letzten 18 Monaten vor Eröffnung des Konkurses Ausgetretenen haften äußersten Falles für den Ausfall, aber auch nur im Wege der Umlage. (§ 122.)

Diese Haftart ohne Einzelangriff bietet den Gläubigern gleiche Sicherheit, für die Genossen aber ist sie eine viel mildere Form.

Bei der Gründung neuer Creditvereine ist jedenfalls diese Haftart vorzuziehen.

2. **Die beschränkte Haft** (Theilhaft).

Auch diese Haftart ist **neu** in dem Gesetz; andere Länder haben dieselbe jedoch schon lange eingeführt. Nach ihr haften die Mitglieder einer Genossenschaft wohl solidarisch für die Verbindlichkeiten derselben, das einzelne Mitglied aber kann niemals, weder auf dem Wege der Umlage, noch auf dem des Einzelangriffs über die Haftsumme hinaus herangezogen werden, deren Höhe durch das Statut genau festgesetzt ist. (§ **125**, 2.) (S. Haftsumme).

Für Creditvereine, die einen bedeutenden Credit in Anspruch nehmen müssen, eignet sich die beschränkte Haft weniger, für Consumvereine, welche das Prinzip des Verkaufs gegen Baar haben, ist diese Haftform indeß sehr angebracht.

Haftsumme.

1. Nur die beschränkte Haftpflicht kennt eine Haftsumme. Diese Haftsumme darf nicht kleiner als der Geschäftsantheil und muß im Statut bestimmt angegeben sein. (§ 125.)

2. Die Haftsumme kann erhöht werden, wenn die Mehrheit von drei Viertheilen der in der Generalversammlung Erschienenen dafür stimmt. Das Statut kann noch schwerere Vorbedingungen stellen. (§ 126.)

3. Eine Herabsetzung der Haftsumme ist nur unter Beobachtung der Bedingungen möglich, die für die Auflösung (§§ 80 u. 88) der Genossenschaft gelten. (§ 127.)

4. Mit der Zahl der Geschäftsantheile (§ 128) erhöht sich das Vielfache der Haftsumme (§ 129), jedoch kann kein Mitglied einen neuen Antheil erwerben, wenn der alte nicht ganz eingezahlt ist (§ 130.)

5. Alljährlich ist zu veröffentlichen, um wie viel die Haftsummen der Mitglieder gestiegen resp. gefallen sind. (§ 133.)

6. Ueber seine Haftsumme hinaus kann kein Mitglied belangt werden. (§ 135.)

7. Vorstand, Aufsichtsrath und Liquidatoren werden hart bestraft, wenn sie über die Haftsummen „wissentlich" falsche Angaben machen. (§ 141.)

Haftung (siehe Ersatzpflicht).

Handelsgesellschaften.

Dieselben, wie Kommanditgesellschaften auf Actien oder Actiengesellschaften, können Mitglieder einer Genossenschaft werden. Das Stimmrecht ist durch einen Bevollmächtigten auszuüben. (§ 41.)

Handlungsbevollmächtigte (siehe Bevollmächtigte).

Handlungsunfähige Personen.

Dieselben können sich nach § 41 in der Generalversammlung durch Bevollmächtigte vertreten lassen. (§ **41**, 4.) (Vergl. Generalversammlung, Nr. 9.)

Hinterlegung von Geldern (siehe Gläubigerversammlung).

Hypotheken (siehe Darlehen).

Jahresbilanz (siehe Bilanz).

Jahresrechnung.

Der Vorstand hat die Jahresrechnung aufzustellen, der Aufsichtsrath hat sie zu prüfen, die Generalversammlung hat dieselbe abzunehmen (dechargiren). (§ 36.)

Die Jahresrechnung hat 8 Tage **vor** der Generalversammlung im Locale des Vereins oder an sonst geeigneter Stelle, welche der Vorstand bekannt zu machen hat, zur Einsicht der Genossen aufzuliegen. (§ 46.) (S. Geschäftslocal.)

Jeder Genosse kann auf seine Kosten eine Abschrift der Jahresrechnung verlangen. (§ **46**, 2.)

Inventur.

Am Jahresschluß haben Vorstand und Aufsichtsrath eine genaue Inventur des Vereins aufzunehmen, denn sie haben die Sorgfalt eines ordentlichen Geschäftsmannes zu üben. (§§ 32 u. 39.)

Juristische Personen.

Auch juristische Personen können Mitglieder von Genossenschaften werden. Dieselben können sich durch Bevollmächtigte in der Generalversammlung vertreten lassen. (§ 41.)

Die Klage der Gläubiger gegen einzelne Genossen verjährt auch gegen juristische Personen in zwei Jahren. (§ 117.)

Kalenderjahr (siehe Geschäftsjahr).

Kaufleute.

Creditvereine als eingetragene Genossenschaften haben die Qualität des Kaufmanns im Sinne des Gesetzes. (Vergl. Firmen.) (§ 17.)

Klage.

1. Die Genossenschaft als solche kann klagen und verklagt werden. (§ 17.)

2. Klagen gegen den Vorstand hat der Aufsichtsrath zu vertreten, gegen letzteren die von der Generalversammlung dazu Bevollmächtigten. (§ 37.)

3. Der Vorstand oder einzelne Genossen können gegen Beschlüsse der Generalversammlung Klage erheben, wenn sie gegen das Gesetz oder die Statuten verstoßen. (§ 49.)

4. Verjährung des Klagerechts wegen Auszahlung des Guthabens in 2 Jahren. (§ 72)

5. Gegen amtliche Auflösung. (§ 72.)

6. Wegen der Vorschußberechnung. (§§ 102 u. 104.)

7. Zuständigkeit des Amtsgerichts. (§ 105.)

8. Der Gläubiger auf Anerkennung von Forderungen. (§ 108.)

9. Verjährung der Gläubigerklage gegen einzelne Genossen in 2 Jahren. (§ 117.)

Konkurs.

Die Haftpflicht hat eine **schwere** Bedeutung erst dann, wenn die Genossenschaft ihren Konkurs anmelden muß. Allerdings kann dieselbe auch dann schon fühlbar werden, wenn in Folge von Verlusten die Geschäftsantheile resp. Guthaben angegriffen, oder gar Zuschüsse geleistet werden müssen, um einen Verein aufrecht zu erhalten. Auch ein Ausscheidender ist zu Zuschüssen verpflichtet, wenn bei der Abrechnung mit ihm sich herausstellt, daß die Reserven und Guthaben die Schulden nicht decken. (Siehe Auseinandersetzung.)

Der Antrag auf Eröffnung des Konkurses ist zu stellen:

1. Bei Vereinen mit **unbeschränkter** Haft resp. Nachschußpflicht:

a) Im Fall der Zahlungsunfähigkeit **sofort**. (§§ 91 u. 92.)

b) Nach der Auflösung (§ 76) auch bei Ueberschuldung. (§§ 91 u. 92.)

2) Bei Vereinen mit **beschränkter** Haft:

a) Im Fall der Zahlungsunfähigkeit **sofort.** (§ 134.)

b) Im Fall der Ueberschuldung, sobald diese ein Viertheil der Haftsummen aller Mitglieder übersteigt. (§ 134.)

Verpflichtet zu dem Antrage ist der Vorstand (§§ 92 und 134), **berechtigt** dazu ist jedes einzelne Vorstandsmitglied und jeder Vereinsgläubiger. (§ 93.)

Der Vorstand ist persönlich und solidarisch (§ 32) zum Ersatz verpflichtet, sofern er Zahlungen nach obigen Zeitpunkten leistet. (§ 92, 2.) Dasselbe gilt von den Liquidatoren. (§ 111.)

Der Antrag auf Eröffnung des Konkurses darf nicht deshalb zurückgewiesen werden, weil keine Masse zur Deckung der Kosten vorhanden sei. (§ **93**, 3.)

Durch Eröffnung des Konkurses wird die Genossenschaft aufgelöst. (§ 94.)

Zwangsvergleich findet nicht statt. (§ 109.) (S. Zwangsvergleich.)

Aufhebung des Verfahrens ist erst zulässig im Moment der Schlußvertheilung der Masse und nur unter Zustimmung der Konkursgläubiger. (§ **109**, 2.)

Nach Eröffnung des Konkurses **ist** sofort ein Gläubigerausschuß zu bestellen, den die spätere Gläubigerversammlung zu bestätigen hat. (§ 96.) (Siehe Gläubigerausschuß.)

Die **sofort** zu berufende Generalversammlung hat zu bestimmen, ob Vorstand und Aufsichtsrath weiter fungiren oder durch andere Personen ersetzt werden sollen. (§ 97.)

Neben der Massenverwaltung tritt das Umlageverfahren **sofort** in Wirksamkeit. (§ 99.) (S. Umlage.)

Konkursgericht.

Das Konkursgericht hat die Vorschußberechnung des Konkursverwalters vollstreckbar zu erklären (§ 99), den Termin zur Erklärung über dieselbe abzuhalten (§ 100) und dabei alle Betheiligten (§ 101) zu hören. Die Rechnung kann durch Klage bei dem Konkursgericht resp. dem Landgericht des Bezirks angefochten werden. (§ 102.)

Konkursgläubiger.

1. Der Konkursgläubiger hat bei unbeschränkter Haft und auch bis zu einer bestimmten Grenze bei beschränkter Haft unter gewissen Vorbedingungen das Recht, sich für den im Konkurs erlittenen Ausfall direct an die Mitglieder und auch an Ausgeschiedene zu halten. (§§ 116 u. 119.) (S. Umlage.)

2. Genossen, welche Gläubiger in Folge des directen Angriffs befriedigen mußten, treten in die Rechte der Gläubiger ein, werden also Gläubiger der Genossenschaft (§ 118) und können also auf dem Wege der Umlage von der Genossenschaft Wiederersatz verlangen.

3. Auch der Gläubiger einer Genossenschaft ist zur Stellung des Antrages auf Eröffnung des Konkurses berechtigt. (§ 93.)

4. Aus der Mitte der Konkursgläubiger ist der Gläubigerausschuß zu bestellen. (§ 96.)

5. Die Vertheilung der Masse unter die Gläubiger hat unverzüglich zu geschehen. (§ 108.)

6. Die Einstellung des Verfahrens kann nur mit Zustimmung der Gläubiger geschehen. (§ 109.)

Konkursmasse.

1. Der Antrag auf Eröffnung des Konkurses kann nicht

deshalb zurückgewiesen werden, weil keine Masse zur Deckung der Kosten vorhanden. (§ 93, 3.)

2. Die Mitglieder sind verpflichtet, Nachschüsse zu der Masse zu liefern (§§ 98, 122 u. 123.)

3. Die Vertheilung der Masse hat möglichst rasch zu geschehen. (§§ 107 u. 108.)

Konkursordnung.

Das Verfahren im Konkurse ist im neuen Gesetze scharf geregelt. Auf die deutsche Konkursordnung wird Bezug genommen in den §§ 96, 98, 103, 107 und 108.

Konkursverwalter.

1. Der Konkursverwalter hat sofort eine sogenannte Vorschußrechnung (§ 99) aufzustellen, der event. Zusatzberechnungen (§ 106) und Nachschußberechnung folgen müssen. (§ 107.)

2. Bei den Einwendungen gegen die Rechnung ist der Verwalter im Termine seitens des Gerichts zu hören. (§ 101.)

3. Der Verwalter hat die Zuschüsse von den Genossen einzuziehen. (§ 102.)

4. Klage gegen die Vorschußberechnung ist zulässig und ist gegen den Konkursverwalter zu richten. (§ 104.)

5. Die Vertheilung der Masse und der Zuschüsse hat der Verwalter möglichst rasch vorzunehmen. (§ 108.)

6. Der Vorstand hat den Konkursverwalter zu unterstützen. (§ 110.)

Korporationen.

Korporationen können Mitglieder der Genossenschaft werden und sich durch Bevollmächtigte in der Generalversammlung vertreten lassen. (§ 41.)

Kündigung der Mitgliedschaft.

1. Jedes Mitglied kann durch Kündigung der Mitgliedschaft aus der Genossenschaft austreten. (§ 63.)

2. Die Kündigung kann nur auf Schluß des Jahres geschehen. (§ 63.)

3. Kündigungsfrist je nach Bestimmung der Statuten zwischen 3 Monaten und 2 Jahren. (§ 63.)

4. Tritt an Stelle des Jahres das Quartal, so ist Kündigung bis 6 Wochen vor Schluß des Quartals zulässig. (§ 114.)

5. Jedes andere Abkommen über den Austritt hat keine rechtliche Wirkung. (§ 63.)

6. Auch der Privatgläubiger eines Genossen hat unter Umständen das Recht der Kündigung an Stelle des Genossen. (§ 64.) (Vergl. Gläubiger Nr. 7.)

Landgericht.

1. Für die Klage gegen einen Beschluß der Generalversammlung ist ausschließlich das Landgericht zuständig. (§ 49, 2.)

2. Die Klage gegen die Vollstreckung der sogenannten Vorschußberechnung geht ans Amtsgericht resp. Landgericht. (§§ 102 und 105, 3.)

Legitimation des Vorstandes.

1. Die Wahl des Vorstandes wird durch das Protokoll der Generalversammlung **legitimirt.** Eine unbeglaubigte Abschrift des Protokolls genügt als Beweis zur Eintragung in das Genossenschaftsregister (siehe Gründung).

2. Behörden gegenüber (bei Eintragungen ins Grundbuch, bei Löschungen im Grundbuch, bei Abschluß von Kaufverträgen, bei Führung von Prozessen, bei Cessionen 2c.) legitimirt sich der Vorstand durch einen sogenannten Auszug aus dem Genossenschaftsregister. Gegen Zahlung der gesetzlichen Gebühr ist das Gericht verpflichtet, so oft einen solchen Auszug auszufertigen, als ein Verein wünscht. Der Auszug enthält lediglich die amtliche Bescheinigung, daß der Vorstand ins Genossenschaftsregister eingetragen ist und wie derselbe für den Verein zeichnet. (§ 26.)

Liquidation und Liquidatoren.

Die Liquidation erfolgt durch den Vorstand. Durch das Statut oder die Generalversammlung kann dieselbe auch anderen Personen übertragen werden. Auf Antrag des Aufsichtsraths oder des zehnten Theils der Mitglieder kann das Gericht die Liquidatoren bestellen resp. die Bestellung widerrufen. Liquidatoren, welche nicht vom Gericht ernannt sind, können auch durch die Generalversammlung vor Ablauf ihrer Wahlperiode abberufen werden. (§ 81.)

2. Wenigstens zwei Liquidatoren sind zu bestellen (§ **81**, 2) und wenigstens zwei haben zu zeichnen (§ 83). Bis spätestens 1. April 1890 müssen für alle dann schwebenden Liquidationen zwei Liquidatoren bestellt sein. (§ 158.) Dritten Personen gegenüber kommen die Vorschriften in § 29 in Betracht.

3. Die erste Bestellung der Liquidatoren ist vom Vorstande und jede spätere Aenderung der Personen von den Liquidatoren selbst dem Gerichte zur Eintragung anzumelden. (§ 82.)

4. Rechte und Pflichten der Liquidatoren sind genau fixirt in den §§ 85 bis 90.

5. Die Liquidatoren unterliegen der Ueberwachung des Aufsichtsraths. (§ 87.)

6. Unbewegliche Sachen dürfen die Liquidatoren nur **öffentlich** versteigern (§ 87), wenn nicht das Statut oder ein Beschluß der Generalversammlung anders bestimmt.

7. Eine Vertheilung des Vermögens darf nicht vor Tilgung resp. Sicherstellung der Schulden stattfinden (§ 88), wofür die Liquidatoren solidarisch haftbar sind. (§ 136.)

8. Die im Konkursverfahren für den Vorstand getroffenen Bestimmungen gelten auch für die Liquidatoren. (§ 111.)

9. Harte Strafen treffen die Liquidatoren, wenn sie ungesetzlich handeln. (§§ 140 bis 142.)

10. Das Gericht kann die Liquidatoren zur Erfüllung ihrer Obliegenheiten anhalten. (§ 152.)

Liquidationsbilanz.

1. Die Liquidatoren haben sofort und später alljährlich eine Bilanz aufzustellen; die erste Bilanz ist zu veröffentlichen. (§ 87.)

2. Die Vertheilung des Vermögens geschieht auf Grund der Liquidationsbilanz. (§ 89.)

Liquidationsfirma (siehe Firma, Nr. 5).

Liste (vergl. Verzeichniß).

1. Das Gericht (§ 10) hat eine **Liste** der Genossen (Mitglieder) zu führen. (§ 11.)

2. Die Mitgliedschaft entsteht in dem Augenblicke der Eintragung in die Liste (§ 15, 3) und endigt mit der Löschung in der Liste auf Schluß des Geschäftsjahres. (§ 68.)

3. Die Eintragungen wie Löschungen geschehen auf Grund der vom Vorstand eingesandten Beitrittserklärungen resp. der Kündigungsurkunden. (§ 67.)

4. Die Eintragungen in die Liste haben unverzüglich zu geschehen. (§ 15.)

5. Jedermann kann die Liste bei Gericht einsehen. (§ 12.) Die Liste ist also **öffentlich**.

6. Jeder Verein hat ein **Mitgliederverzeichniß** zu führen und in Uebereinstimmung mit der Liste des Gerichts zu halten. (§ 30.)

7. Auch der Austritt aus dem Verein durch Uebertragung der Guthaben ist zur Eintragung anzumelden. (§ 74.)

8. Die sog. Vorschußberechnung wird auf Grund der Gerichtsliste aufgestellt. (§ 99.)

9. Auch die Zahl der Geschäftsantheile, auf die ein Mitglied betheiligt ist, muß eingetragen werden. (§ 131.)

10. Gegen die Eintragung und die eingetragene Vormerkung in die Liste ist Klage möglich. (§ 151.)

11. Sofort nach dem 1. Oktober 1889 ist eine Neuaufstellung der Liste auf Grund des neuen Gesetzes erforderlich. (§ 164.) (Uebergangsbestimmung.)

Lombard (siehe Darlehen).

Minderjährige.

1. Da die Erben eines Genossen, dessen Mitgliedschaft bis zum Schluß des Jahres fortsetzen müssen, so können zeit-

weilig auch „minderjährige" Mitglieder in einem Vereine vorhanden sein. Für mehrere Erben kann das Stimmrecht durch einen Bevollmächtigten ausgeübt werden. (§ 75.)

2. Die Klage der Gläubiger gegen die einzelnen Genossen (Einzelangriff) verjährt in zwei Jahren nach § 117. Diese Verjährung läuft auch gegen Minderjährige.

Mindestzahl.

1. Der Mitglieder.

Jede Genossenschaft **muß** mindestens 7 Mitglieder haben. (§ 4.) Eine obere Grenze der Zahl der Mitglieder ist nicht gesetzt. Sinkt die Zahl unter sieben, so kann das Gericht (§ 10) die Genossenschaft auflösen. (§ 78.) Hat eine Genossenschaft vor dem 1. Oktober 1889 weniger als sieben Mitglieder, so findet § 78 so lange keine Anwendung, als nicht die Zahl sieben erreicht wird. (§ 160.)

2. Der Vorstandsmitglieder.

Der Vorstand hat mindestens aus zwei Mitgliedern zu bestehen (§ 24) und mindestens zwei Mitglieder haben für den Verein zu zeichnen. (§ 25.) Bis zum 1. April 1890 **muß** jeder Vorstand aus mindestens zwei Personen bestehen. (§ 158.)

3. Der Aufsichtsrathsmitglieder.

Jeder Verein **muß** in Zukunft einen Aufsichtsrath haben. (§ 9.) Derselbe muß aus mindestens „drei" Personen bestehen. (§ 34.) Spätestens am 1. April 1890 muß jeder Verein einen Aufsichtsrath von mindestens drei Mitgliedern besitzen. (§ 158.)

4. Der Liquidatoren.

Für jede Liquidation müssen zwei Liquidatoren bestellt werden (§ 81, 2) und wenigstens zwei haben zu zeichnen.

Spätestens bis 1. April 1890 **müssen** für jede schwebende Liquidation „zwei" Liquidatoren gewählt sein. (§ 158.) (Uebrigens vergl. Liquidation.)

Mitgliedschaft.

1. Wer kann Mitglied einer Genossenschaft werden?

Physische und juristische Personen, Firmen, Korporationen, Handelsgesellschaften, Genossenschaften und andere Personenvereine, auch Frauen. (§ **23**, 4.)

Die Erben eines Verstorbenen werden nicht an dessen Stelle Mitglieder, sie setzen nur die Mitgliedschaft bis zum Schluß des Jahres fort. Früher war die Ansicht stark vertreten, daß nach dem Gesetz vom 4. Juli 1868 nur „physische" Personen Mitglieder werden könnten; doch kam man später zu der Ansicht, daß auch Firmen zu Mitgliedern aufgenommen werden könnten. (S. Firmen.)

2. Die Mitgliedschaft kann an den Wohnsitz gebunden werden. (§ **8**,2 und 65.)

Die Darlehnskassen nach Raiffeisen beschränken die Mitgliedschaft meist auf eine Gemeinde oder ein Kirchspiel.

3. **Erwerb.** Erworben wird die Mitgliedschaft durch Aufnahme in die Genossenschaft seitens des Vorstandes und Aufsichtsraths, durch Unterzeichnung einer Beitrittserklärung und Eintragung in die Gerichtsliste seitens des Gerichts.

4. **Entstehung.** Die Mitgliedschaft entsteht durch die Eintragung in die Liste des Gerichts. (§ **15**, 3.)

5. **Endigung.**

a) Durch freiwillige Kündigung auf Schluß des Jahres (siehe Kündigung).

b) Durch unfreiwillige Kündigung seitens eines Privatgläubigers (§ 64) und durch Kündigung seitens der Genossenschaft wegen Verlegung des Wohnsitzes des Genossen. (§ 65.)

c) Durch Ausschluß des Mitgliedes auf Schluß des Jahres. Durch welches Organ ein Mitglied ausgeschlossen werden kann, hat das Statut zu bestimmen. Die Ausschließung kann also der Generalversammlung vorbehalten bleiben, sie kann aber auch dem Vorstande und Aufsichtsrathe beigelegt werden. Die Ausschließung ist dem Mitgliede ohne Verzug durch einen eingeschriebenen Brief mitzutheilen.

Das Gesetz hat in § 66 mehrere Gründe aufgestellt, aus denen ein Ausschluß stattfinden kann (vergl. jedoch § 159). Durch Statut können sonstige Ausschließungsgründe bestimmt werden. Von dem Augenblicke der brieflichen Mittheilung an das Mitglied kann dasselbe nicht mehr an der Generalversammlung theilnehmen.

d) **Durch Tod.**

Die Erben haben die Mitgliedschaft bis zum Schluß des Jahres fortzusetzen. Mehrere Erben können sich in der Generalversammlung durch einen Bevollmächtigten vertreten lassen. (§ 75.)

e) **Durch Verlegung des Wohnsitzes.**

Ist die Mitgliedschaft durch das Statut an den Wohnsitz gebunden (§ **8**, 2), so kann das Mitglied bei Verlegung seines Wohnsitzes auf Schluß des Jahres austreten. Die Genossenschaft kann aber auch seinen Austritt verlangen. (§ 65.)

f) **Durch Uebertragung des Geschäftsantheils resp. Guthabens.**

Diese Bestimmung ist **neu.** Durch dieselbe kann der Austritt jeden Tag geschehen, ohne mit der Genossenschaft abzurechnen. (§ 74.) Im Fall die Genossenschaft innerhalb 6 Monaten nach dieser Uebertragung in Konkurs geräth, hat der Ausgeschiedene für den Theil zu haften, für den das neue Mitglied etwa nicht solvent sich erweist. (§ **74**, 4.) (Vergl. Uebertragung.)

g) **Die Endigung tritt ein mit der Eintragung in die Liste.** (§ 68.) Nur der Todesfall macht eine Ausnahme. Jedes Mitglied oder auch der Gläubiger desselben hat das Recht, eine Vormerkung auf den Austritt in die Liste beim Gericht aufnehmen zu lassen. (§ 69.)

h) **Wird die Genossenschaft binnen sechs Monaten nach dem Ausscheiden des Genossen aufgelöst, so gilt dasselbe als nicht erfolgt.** (§ 73.)

In diesem Falle ist das etwa auf Grund der Auseinandersetzung ausgezahlte Guthaben sogar wieder zurückzuzahlen.

6. Doppelmitgliedschaft (siehe Doppelmitgliedschaft).

7. Anmeldung des Ein- und Austritts bei Gericht.

a) Die Beitrittserklärungen sind alsbald dem Gerichte behufs der Eintragung einzusenden. (§ **15**, 2.) Die Eintragung hat unverzüglich zu geschehen.

b) Die Kündigungen auf den Jahresschluß, mögen sie freiwillige oder unfreiwillige sein, sind spätestens sechs Wochen vor Schluß des Jahres dem Gerichte einzureichen, wobei der Vorstand die schriftliche Versicherung abzugeben hat, daß dieselben rechtzeitig erfolgten. (S. Quartal.)

c) Der Tod eines Mitgliedes ist „ohne Verzug" anzumelden, sobald er zur Kenntniß des Vorstandes gekommen ist. (§ 75.)

d) Das Gericht hat dem Genossen und dem Vorstande über die geschehene Eintragung sowohl beim Eintritt (§ 15, 3) als auch beim Austritt (§ 70) resp. über die Verweigerung der Eintragung Nachricht zu geben.

e) Innerhalb des Monats Oktober 1889 ist dem Gerichte eine Gesammtliste der Mitglieder einzureichen. (Vergl. § 164 bis 170.) (Uebergangsbestimmung.)

Mitgliederliste (siehe Liste).

Mitgliederverzeichniß (siehe Verzeichniß).

Nachschußberechnung (vergl. Umlage).

1. Die Nachschußberechnung ist eine Ergänzung resp. Berichtigung der Vorschußberechnung im Konkurse. (§ 107.)

2. Dieselbe ist vom Konkursverwalter anzufertigen, sobald die Schlußvertheilung der Masse nach § 149 der Konkursordnung beginnen soll.

3. Dieselbe muß vom Gerichte vollstreckbar erklärt werden. (§ **108**, 1.)

4. Nach **drei** Monaten (§ 116) resp. **sechs** Monaten (§ 119), nachdem diese Nachschußberechnung für vollstreckbar erklärt wurde, ist der sog. **„directe"** Angriff der Gläubiger gegen Mitglieder wie Ausgeschiedene bei der unbeschränkten wie beschränkten Haft (§ 135) möglich. Nach **drei** Monaten

seit demselben Termine können auch Ausgeschiedene bei Vereinen mit unbeschränkter Nachschußpflicht durch Umlage herangezogen werden. (§ 122.)

Nachschußpflicht (siehe Haftpflicht und Umlage).

Nachtragsvertheilung (siehe Rückzahlung).

Zu viel erhobene Beiträge im Konkurse sind an die Genossen zurückzuzahlen. (§ 108, 3.)

Nichtmitglieder.

1. Das Gesetz verbietet den Creditvereinen die Ausdehnung des Geschäftsbetriebes auf Nichtmitglieder, sofern der Zweck des Vereinsunternehmens lediglich in der Gewährung von Darlehen besteht. (§ 8, 2.)

Personen, welche bereits zu Mitgliedern seitens des Vereins aufgenommen, aber noch nicht in die Gerichtsliste eingetragen sind, können jedoch schon solche Darlehne gewährt werden (§ 8). Solche Personen werden also nicht mehr als **Nicht**-mitglieder betrachtet.

2. Dem Vorstand droht nach § 152 Strafe, wenn er diesem Verbote zuwider handelt. Auch kommen dabei die §§ 32 u. 39 wegen event. solidarer Ersatzpflicht in Frage.

3. Zur besseren Klarlegung dieses Verbots sagt das Gesetz weiter wörtlich: „Darlehnsgewährungen, welche nur die Anlegung von Geldbeständen bezwecken, fallen nicht unter dieses Verbot.“ (§ 8, 2.)

Das Gesetz spricht hier nicht von zinslicher Belegung „**müßiger**“ Kassenbestände, sondern nur von einer Anlegung von Geldbeständen.

4. **Verboten** würden demnach folgende Geschäfte mit **Nicht**mitgliedern sein:

a) Eröffnung einer laufenden Rechnung mit Creditgewährung.

b) Gewährung von Darlehen unter der Bedingung der Rückzahlung in bestimmten Terminen.

c) Discontirung sog. Vorschußwechsel, die die Stelle von Schuldscheinen vertreten.

5. **Gestattet** würden dagegen folgende Geschäfte auch mit **Nicht**mitgliedern sein:

a) Gewährung eines Darlehns auf bestimmte Zeit, wenn dasselbe eine Anlegung eines Kassenbestandes ist.

b) Discontirung von Geschäftswechseln, Ankauf von Discontеn auf Banken und Bankiers, von Kaufgeldresten und Hypotheken, da diese Geschäfte Kaufgeschäfte sind.

c) Belegen von Kassenbeständen in Effekten, bei Banken, Bankiers, Sparkassen, Genossenschaften, durch Lombardiren von Staatspapieren und Hypotheken.

d) An- und Verkauf von Effekten, Inkasso von Wechseln.

e) Entgegennahme von Spareinlagen, Aufnahme von Darlehen aller Art.

6. Als nicht gestattet muß gelten, daß ein Verein z. B. Wechsel zu dem Zweck weiterdiskontirt, um dieses Geld dann als Kassenbestand bei Nichtmitgliedern zu belegen. Allerdings kann es sehr leicht vorkommen, daß ein Verein **heute** einen müßigen Kassenbestand bei einem Nichtmitgliede belegt und **morgen** Mitglieder mit so starken Forderungen an ihn herantreten, die vorher nicht bekannt waren, daß er zur Herbeischaffung des Geldes Wechsel weiterdiskontiren oder sonst sich Geld verschaffen muß. Niemand kann darin ein verbotwidriges Geschäft mit Nichtmitgliedern erkennen.

7. Wohl ist dem Richter anheimgestellt zu beurtheilen, ob ein Geschäft mit Nichtmitgliedern vorliegt, jedoch ist in den Motiven zu dem Gesetz ausdrücklich betont, daß diese Thatsache nicht aus einem einzelnen Falle, sondern nur aus einer Reihe gleicher Fälle zu folgern sei.

8. Das Verbot wegen der Nichtmitglieder tritt erst am 1. Oktober 1891 für diejenigen Vereine in Kraft, deren Statut den Geschäftsbetrieb mit Nichtmitgliedern bisher gestattete. (§ **157**, 2.)

Oeffentliche Blätter (siehe Blätter).

Ordnungsstrafen.

Dem Vorstand, Aufsichtsrath und den Liquidatoren drohen Ordnungsstrafen, wenn sie ihre Pflichten nicht rechtzeitig und gesetzmäßig erfüllen. Die Fälle sind in den §§ 152, 155 und 164 genau aufgezählt.

Ohne Verzug.

„Ohne Verzug" hat zu geschehen:

1. Seitens des Gerichts die Eintragung:

a) Des Eintritts eines Mitgliedes. (§ 15.)
b) Des Austritts eines Mitgliedes. (§ 68.)
c) Der Vormerkung zum Austritt. (§ 69.)
d) Der Uebertragung des Guthabens. (§ 74.)
e) Der Auflösung der Genossenschaft. (§ 80.)
f) Der Konkurseröffnung eines Vereins. (§ 95.)

2. Seitens des Vorstandes:

a) Die Anmeldung über Aenderungen im Vorstande. (§ 28.)
b) Die Berufung der Generalversammlung in den Fällen der §§ 43 und 97.
c) Die Bekanntmachung der gegen einen Beschluß der Generalversammlung erhobenen Klage. (§ 49.)
d) Die Mittheilung durch einen „eingeschriebenen Brief" an ein Mitglied, daß es von dem Vereine ausgeschlossen sei. (§ 66.)
e) Die Anmeldung der Kündigung eines Gläubigers an Stelle eines Mitgliedes. (§ 67.)
f) die Anmeldung der geschehenen Uebertragung eines Guthabens. (§ 74.)
g) Die Anmeldung des Todes eines Mitgliedes. (§ 75.)
h) Die Anmeldung der Auflösung des Vereins. (§ 76.)
i) Die Anmeldung der Bestellung der ersten Liquidatoren. (§ 82.)

3. Seitens des Konkursverwalters:

a) Die Einziehung der Beiträge in der Umlage. (§ 102.)

b) Die Vertheilung der Masse an die Gläubiger. (§ 108.)

c) Die Berechnung der Beiträge der Ausgeschiedenen im unbeschränkten Nachschußverfahren. (§ 123.)

4. Seitens der Liquidatoren:

a) Die Aufstellung einer Bilanz. (§ 87.)

b) Die Anmeldung einer Aenderung in dem Personenstande der Liquidatoren oder die Beendigung ihrer Vollmacht.

Personenvereine.

Nach § 41 können Personenvereine aller Art Mitglieder einer Genossenschaft werden. Die Unterschriften für diese Vereine haben diejenigen Personen zu leisten, welche den Verein nach seinem Statut regelrecht verpflichten können.

Nach dem Genossenschaftsgesetz vom 4. Juli 1868 war diese Mitgliedschaft nicht möglich.

In der Generalversammlung können sich solche Personenvereine durch Bevollmächtigte vertreten lassen. (§ 41.)

Pfandurkunden (siehe Darlehen).

Prozeß (siehe Klage).

Procuristen (siehe Beamte).

Prolongationen (siehe Darlehen).

Prorogation (siehe Gerichtsstand).

Protokoll.

1. Jeder Vorstand muß über seine Sitzungen Protokolle in ein besonderes Protokollbuch aufnehmen. Jedes Protokoll ist von den in der Sitzung anwesenden Vorstandsmitgliedern zu unterschreiben.

2. Dasselbe gilt über die Sitzungen des Aufsichtsraths

3. Dasselbe gilt über die gemeinschaftlichen Sitzungen des Vorstandes und Aufsichtsraths.

Protokollbuch.

1. Die Beschlüsse der Generalversammlungen sind in ein besonderes Protokollbuch einzutragen. (§ 45.)

2. Einsicht in das Protokollbuch der Generalversammlung kann jeder Genosse und die Staatsbehörde zu jeder Zeit nehmen. (§ 45.)

3. Zur Eintragung der Beschlüsse in das Protokollbuch können der Vorstand resp. die Liquidatoren nach § 152 durch Ordnungsstrafen vom Gericht (§ 10) angehalten werden.

4. Will ein in der Generalversammlung anwesendes Mitglied Klage gegen einen Beschluß der Generalversammlung erheben, so muß es seinen Widerspruch gegen den gefaßten Beschluß in der Versammlung selbst sofort zu Protokoll erklären. (§ 49.)

Quartal.

An Stelle des Geschäftsjahres kann das Quartal treten, dann ist die Kündigungsfrist auf 6 Wochen, die Einreichungsfrist bei Gericht auf 3 Wochen ermäßigt. (§ 114.)

Rechte der Genossenschaft und der Genossen.

Das Rechtsverhältniß der Genossenschaft und der Genossen richtet sich zuerst nach dem Statut. Dieses darf nur in den Punkten von dem Genossenschaftsgesetz abweichen, welche das Gesetz selbst angiebt. Entgegenstehende Abkommen, durch etwaige Separatverträge, nach welchen z. B. einem Genossen die gesetzliche Haftpflicht erlassen sein soll, haben keinerlei Gültigkeit. (§ **63**, 3.)

1. Die Genossenschaft.

Vereine, deren Wesen in § 1 des Genossenschaftsgesetzes bezeichnet ist, erwerben durch die Eintragung in das Genossenschaftsregister die Rechte einer **„eingetragenen Genossenschaft“** nach Maßgabe dieses Gesetzes. Darnach hat die Genossenschaft besondere Rechte und Pflichten. Sie kann Eigenthum, auch andere dingliche Rechte an Grundstücken, z. B. Hypotheken, erwerben, sie kann vor Gericht klagen und verklagt werden, sie ist Kaufmann im Sinne des Handelsgesetzbuches (§ 17).

Die Rechte einer eingetragenen Genossenschaft beginnen mit der Eintragung in das Genossenschaftsregister (§ 13).

2. **Die Genossen.**

Der einzelne Genosse hat nicht das Recht, in die Geschäfte des Vereins irgendwie einzugreifen, seine Rechte hat er in der Generalversammlung (§ 41) auszuüben, event. vor Gericht wahrzunehmen.

Rechtsnachfolger, deren Rechte (siehe Einsicht Nr. 6).

Reichsanzeiger.

Die Eintragungen des Gerichts sind im Reichsanzeiger und in sonst vom Gericht zu bestimmenden Blättern bekannt zu machen. Für kleinere Genossenschaften genügt neben dem Reichsanzeiger „**ein**“ anderes Blatt (§ 147).

Reichsgericht.

Auch für die Genossenschaften gilt für gewisse Dinge das Reichsgericht als „letzte“ Instanz. (§ 146.)

Reichskanzler.

Nach § 62 ist der Reichskanzler befugt, Normativbestimmungen über die Abfassung der Revisionsberichte zu erlassen.

Reingewinn.

Der innerste Zweck der Vorschuß- und Creditvereine ist der, den Mitgliedern möglichst billige Darlehen zu gewähren, daneben die Geschäftsunkosten zu decken, weiter eine Reserve zurückzulegen und den Mitgliedern eine mäßige Dividende zukommen zu lassen (siehe Dividende). Nicht also geht der Zweck dahin, recht hohen Gewinn zu erzielen.

1. Ein Theil des Reingewinns hat alljährlich in die Reserve zu fließen, bis dieselbe eine im Voraus bestimmte Mindesthöhe erreicht hat. Die näheren Bestimmungen hat das Statut zu treffen (§ **7**, 4). Trifft das Statut solche Bestimmungen nicht, so ist der Reserve der zehnte Theil des Reingewinns alljährlich zuzuführen. (§ 156.)

2. Der Rest des Reingewinns gelangt in Form einer Dividende zur Vertheilung unter die Genossen nach Festsetzung durch die Generalversammlung (§ 46.) Jeder Genosse hat ein Recht auf Theilnahme an der Dividende. (§ **19**, 1.)

3. Die Vertheilung geschieht auf Vorschlag des Vorstandes und Aufsichtsraths (§ 36), doch ist die Generalversammlung an diese Vorschläge nicht gebunden.

4. Die Generalversammlung kann aus dem Reingewinn auch besondere Bewilligungen zur Errichtung von Specialreserven, zur Gewährung von Remunerationen, zur Förderung gemeinnütziger Zwecke 2c. machen, sofern das Statut solches zuläßt. (Siehe Reservefond.)

5. Die Dividende ist dem Guthaben der Genossen so lange zuzuschreiben, bis der Geschäftsantheil erreicht ist (§ **19**, 1). Das Statut kann aber auch bestimmen, daß die Auszahlung schon in einem früheren Stadium eintreten darf. (§ **19**, 2.) (Vergl. Geschäftsantheil.)

6. Die Dividende aber ist dem Guthaben so lange **unbedingt** zuzuschreiben, bis der Theil desselben wieder ersetzt ist, der zur Tilgung eines Deficits herangezogen werden mußte (§ **19**, 2). Wird dem entgegengehandelt, so sind Vorstand und Aufsichtsrath zum Ersatz event. verpflichtet. (§ 136.)

7. Der gesammte Reingewinn kann der Reserve zugeführt werden. Im Voraus darf diese Bestimmung nur auf 10 Jahre getroffen, allerdings nach Ablauf des Zeitraums wiederholt werden. (§ 20.)

Diese Bestimmung ist eine Concession an die Darlehnskassen nach Raiffeisen, die prinzipiell keine Dividende vertheilen, den Reingewinn vielmehr der Reserve zuführen.

Reservefonds.

1. Das Genossenschaftsgesetz vom 4. Juli 1868 enthielt keinerlei Vorschriften über Ansammlung einer Reserve. Mit Eifer waren dennoch die Vereine darauf bedacht, Reserven anzusammeln.

Neben der Hauptreserve legten viele Vereine Special- oder Hülfsreserven an, um gegen augenblickliche Verluste gewappnet zu sein. Manche Vereine legten auch aus den Ueberschüssen ihrer Werthpapiere eine Effektenreserve an, um gegen Coursschwankungen geschützt zu sein.

2. Das **neue** Genossenschaftsgesetz schreibt die Bildung eines Reservefonds geradezu vor. (§ **7**, **4**.) Das Vereinsstatut muß darnach genau bestimmen:

a) Die Art der Bildung des Reservefonds.

b) Den Theil des Reingewinns, der jährlich in diesen Fond fließen soll.

c) Die Höhe des Fonds, bei deren Erreichung der jährliche Zufluß vom Reingewinn aufhören darf. (S. Reingewinn Nr. 1.)

So lange das Statut diese drei Bestimmungen nicht getroffen hat, muß nach § 156 jährlich der **zehnte** Theil des Reingewinns in den Reservefond fließen. (S. Reingewinn Nr. 1.)

Der Reservefond hat nach § **7**, 4 lediglich zur Deckung eines aus der Bilanz sich ergebenden Verlustes zu dienen. Derselbe darf also nicht z. B. zur Erhöhung der Dividende oder zu irgend einem anderen Zwecke benutzt werden. Für die Zukunft muß darum jeder Verein in seinem Statut genau unterscheiden:

a) den Reservefond nach § **7**, 4 und

b) den Hülfsreservefond.

Der Hülfsreservefond wird einfach dadurch gebildet, daß ihm alljährlich ein Theil des Reingewinnes durch Beschluß der Generalversammlung zugewiesen wird. Derselbe dient zur Deckung augenblicklicher Verluste und zweifelhafter Außenstände, kann auch mal zur Erhöhung der Dividende benutzt werden. Das Statut hat darüber das Nähere zu bestimmen.

3. Durch Statut kann auf 10 Jahre im Voraus, aber nicht länger, bestimmt werden, daß der **ganze jährliche** Reingewinn in den Reservefond fließen soll. (Vergl. Reingewinn Nr. 7.)

4. Ausgeschiedene haben keinen Antheil an dem Reservefond. (§ **71**, 2.)

5. Eine Vertheilung der Reserve (§ 89) unter die Mitglieder bei Auflösung des Vereins darf erst dann geschehen:

a) Wenn alle Schulden getilgt resp. sichergestellt sind. (§ 88.)

b) Wenn **ein** Jahr seit dem **dritten** (§ **82**, 2) Aufruf an die Gläubiger verstrichen ist. (§ 88.)

Vorstände resp. Liquidatoren und Aufsichtsräthe sind dafür persönlich und solidarisch haftbar. (§ **88**, 3 und § 136.)

6. Die Anlegung der Reserve steht in dem Ermessen der Vereine. Derselbe kann also auch gleich dem sonstigen Vermögen des Vereins im Geschäfte desselben mitarbeiten.

Retensionsrecht.

Genossenschaften sind Kaufleute im Sinne des Handelsgesetzbuches. Damit ist ihnen auch das wichtige Recht der Retension beigelegt. Dasselbe kann bei Konkursen der Mitglieder und auch in anderen Fällen von wesentlicher Bedeutung für einen Verein werden. Die Vereine haben darum dafür zu sorgen, daß in ihren faustpfandlichen Urkunden und Lombardscheinen der Rückgriff durch das Retensionsrecht richtig gewahrt ist. Zwischen Kaufleuten ist nach Partikularrechten auch die mündliche Verabredung genügend, nicht aber zwischen einem Kaufmann und einem Nichtkaufmann. Immerhin ist die schriftliche Abfassung das Richtigere.

Revision.

Die für jeden Verein nothwendige Controle wird in Zukunft in dreifacher Hinsicht ausgeübt werden.

1. Der Direktor des Vereins hat die Geschäftsführung der übrigen Beamten zu überwachen und dazu die nöthigen Revisionen der Kasse und Bücher vorzunehmen.

Regelmäßige Kassenaufnahmen sind am Ende jedes Monats, unvermuthete Aufnahmen nach Ermessen vorzunehmen. Für die gewissenhafte Ausübung dieser Controle ist der Direktor mit seinem ganzen Vermögen haftbar. Bei kleinen Vereinen, bei denen die Geschäftsführung zumeist in den Händen des Kassirers liegt, ist diese Controle um so schärfer und gewissenhafter zu nehmen.

2. Der Aufsichtsrath hat die Führung der Geschäfte in allen Zweigen zu überwachen durch regelmäßige und unvermuthete Revisionen. Er kann die Revisionen der Bücher 2c.

auch einzelnen Personen aus seiner Mitte übertragen. (§ **36**, 1.) Er hat die Jahresrechnungen, die Bilanzen und die Vorschläge des Vorstandes zur Vertheilung des Reingewinns zu prüfen und über den Befund in der Generalversammlung Bericht zu erstatten. (§ 36.) Macht der Aufsichtsrath dabei **wissentlich** unwahre Angaben, so wird er hart bestraft. (§ 141.) Er kann seine Obliegenheiten nicht anderen, außerhalb stehenden Personen übertragen. (§ **36**, 4.)

3. In jedem zweiten Jahre **muß** jeder Verein sich durch einen ihm nicht als Mitglied angehörigen Revisor in allen Zweigen seiner Geschäftsführung revidiren lassen. (§ 51.) (Näheres siehe Revisionsverband.)

4. Eine vierte Revision kann die Generalversammlung insofern ausüben, als sie das Recht hat, eine Commission zur Superrevision der Jahresrechnung einzusetzen.

Revisionsverband.

Jeder Verein muß sich in jedem zweiten Jahre von einem sachkundigen, ihm nicht angehörigen Revisor in allen seinen Theilen revidiren lassen. (§ 51.) Alle Vereine jedoch, welche zu einem Revisionsverbande zusammentreten, der den gesetzlichen Anforderungen genügt, brauchen sich nur von dem durch den Verband bestellten Revisor revidiren zu lassen. (§ 52.)

Das Gesetz sagt in § 52 ganz bestimmt, das Recht, einen eigenen Revisor zu bestellen, **ist** dem Verbande zu verleihen — wenn er natürlich den gesetzlichen Voraussetzungen entspricht — es sagt nicht, das Recht **kann** verliehen werden. Die Verleihung hat durch Ausstellung einer Verleihungsurkunde seitens des Bundesraths zu geschehen, wenn der Revisionsverband sich über mehrere Bundesstaaten erstreckt, sonst durch die Zentralbehörde des Staates, dem der Verband angehört. (§ 55.) An eine dieser beiden Behörden ist darum das Statut des Verbandes zur Prüfung resp. Bestätigung einzusenden. Spätere Aenderungen sind gleichfalls bei diesen Behörden einzureichen. (§ 55.)

1. Zweck des Verbandes.

Der Hauptzweck des Verbandes soll die Revision der Vereine sein. Daneben aber ist in § 53 des Gesetzes ausdrücklich jedem Verbande gestattet:

a) Die Wahrnehmung derjenigen Vereinsinteressen, welche in § 1 des Gesetzes genau bezeichnet sind.
b) Die Pflege gegenseitiger Geschäftsverbindungen. Andere Zwecke darf kein Verband verfolgen, wie § 53 ausdrücklich sagt, ja es wird in § 58 sogar unter Strafe gestellt, wenn es doch geschehen sollte. Immerhin bieten die drei genannten Zwecke den Revisionsverbänden einen weiten Spielraum segensreicher Thätigkeit.

2. Verbandsstatut.

Jeder Verband muß ein Statut haben. Musterstatuten für einen Revisionsverband werden bald aus der Praxis hervorgehen. Der Bundesrath resp. die Zentralbehörde des Staates, dem der Verband angehört, hat das Statut zu genehmigen. (§ 55.) Ebenso spätere Abänderungen des Statuts. (§ 55, 2.)

Jedes Statut **muß** enthalten (§ 54):

a) Bestimmungen, aus denen zu erkennen ist, daß der Verband den Pflichten zu genügen Willens und im Stande ist.
b) Die Grenzen des Bezirks, deren Festsetzung freisteht.
c) Die niedrigste und höchste Zahl der Vereine, welche der Verband umfassen können soll. Eine Beschränkung der Zahl enthält das Gesetz nicht.
d) Die Bedingungen über Wahl und Bestellung des Revisors.
e) Die Art und den Umfang der Revision. (Instruktion, nach der der Revisor die Revision vorzunehmen hat. Solche Instruktionen sind bereits seit Jahren in den freiwilligen Revisionsverbänden vorhanden.)
f) Die Organe des Verbandes (Vorstand und Generalversammlung).
g) Den Sitz und die Befugnisse des Vorstandes.
h) Die Befugnisse der Generalversammlung.

3. Pflichten des Verbandsvorstandes.

Jeder Verband muß einen Vorstand haben, der aus einer oder mehreren Personen bestehen kann und dem eine Reihe Pflichten obliegen. Diese Pflichten sind:

a) Das Verbandsstatut nebst einer beglaubigten Abschrift der sogenannten Verleihungsurkunde ist einzusenden an die Gerichte, in deren Bezirk die Verbandsvereine ihren Sitz haben und an die höhere Verwaltungsbehörde (vergl. § 171, 2), in deren Bezirk der Vorstand seinen Sitz hat. (§ 56.)

b) Alljährlich im Monat Januar ist ein Verzeichniß der Verbandsvereine an dieselben Gerichte und dieselbe höhere Verwaltungsbehörde einzureichen. (§ 56.)

c) Die **Generalversammlungen** des Verbandes sind bei der höheren Behörde des Sitzes des Vorstandes und der des Ortes der Versammlung unter Zufügung der Tagesordnung mindestens 8 Tage vor der Zusammenkunft anzumelden. (§ 57.) Nach § 144 trifft den Verbandsvorstand harte Strafe, wenn er diese Anmeldungen unterläßt.

Die Generalversammlungen dürfen nur innerhalb des Verbandsbezirks abgehalten werden. (§ 57.)

Der höheren Verwaltungsbehörde steht das Recht zu, in die Generalversammlung einen Vertreter zu senden (§ 57, 3), doch steht diesem nicht das Recht des Eingriffs in die Verhandlungen zu.

Nach dem ursprünglichen Gesetzentwurfe sollte dem Regierungsvertreter auch das Recht zustehen, die Versammlung nach seinem Ermessen auflösen zu dürfen, doch wurde diese Bestimmung aus dem Gesetze entfernt.

d) Strenge Verantwortung dafür, daß der Verband nur die im Gesetze (§ 53) oben bezeichneten Zwecke verfolgt, da der Verband aufgelöst werden kann, sobald derselbe über diese Grenze hinausgeht. (§ 58.)

e) Genaue Prüfung der von dem Verbandsrevisor eingesandten Revisionsberichte (§ 61, 3), um beurtheilen zu können, ob die Revision vorschriftsmäßig ausgeführt ist und die Revisionsbemerkungen seitens der Vereine beachtet sind.

f) Ausführliche Berichterstattung in der jährlichen Generalversammlung des Verbandes.

4. Pflichten der Vorstände und Aufsichtsräthe der Vereine des Verbandes.

a) Dem Verbandsrevisor ist die Einsicht in alle Zweige des Geschäfts und die Untersuchung der Kasse, Effekten 2c. zu gestatten. (§ 61.)

b) Der Aufsichtsrath ist zu der Revision zuzuziehen. (§ 61.)

c) Der Vorstand hat eine Bescheinigung des Revisors, daß die Revision ordnungsmäßig stattgefunden hat, an das Gericht einzusenden, nicht aber den Bericht selbst. (§ **61**, 2.)

d) In der Tagesordnung der nächsten Generalversammlung ist der Bericht des Revisors zur Beschlußfassung aufzuführen. Nicht ist dieser Bericht zur Kenntniß der Generalversammlung zu bringen, sondern der Aufsichtsrath hat sich nur über das Ergebniß der Verbandsrevision zu äußern (§ **61**, 2), ähnlich wie er in der Versammlung Mittheilung über seine selbst vorgenommenen Revisionen zu machen hat. Die Aeußerungen haben stets den Thatsachen zu entsprechen. (§ 141.)

5. Entziehung des verliehenen Rechtes.

Das dem Verbande verliehene Recht, einen eigenen Revisor zu bestellen, kann demselben durch die Verleihungsbehörde wieder entzogen werden:

a) Wenn der Verband sich gesetzwidriger Handlungen zu Schulden kommen läßt. (§ 58, Nr. 1.)

b) Wenn derselbe andere Zwecke verfolgt, als unter Nr. 2 (§ 53) näher bezeichnet sind. (§ **58**, 1.)

c) Wenn derselbe der Pflicht der Revision nicht genügt. (§ 58, Nr. 2.)

Der Verbandsvorstand ist vor der Entziehung des Rechtes zu hören. (§ **58**, 2.) Die Entziehung ist den Gerichten mitzutheilen.

6. Revisionen bei **Nicht**verbandsvereinen.

a) Den Vereinen, welche einem Verbande **nicht** angehören, wird ein Revisor durch das zuständige Gericht (§ 10) bestellt. (§ **59**, 1.)

b) Der Vereinsvorstand hat einen darauf bezüglichen Antrag zu stellen und kann dabei einen Revisor in Vorschlag bringen. (§ **59**, 3.)

c) Der vorgeschlagene Revisor **ist** vom Richter zu bestellen, sobald die höhere Verwaltungsbehörde mit dem Vorschlage einverstanden ist. (§ **59**, 3.)

7. **Der Revisor.**

a) Der Revisor muß ein Sachverständiger sein. (§ 61.)

b) Er muß außerhalb der Genossenschaft stehen, die er revidiren soll. (§ 51.)

c) Die Bestellung geschieht bei Verbandsvereinen durch den Verbandsvorstand (§ 52), bei Nichtverbandsvereinen durch das Gericht. (§ 59.)

d) Das Recht der Bestellung verleiht dem Verbande der Bundesrath resp. die Zentralbehörde des Einzelstaates. (§ 55.)

e) Dem Revisor steht das Recht der Einsicht in alle Vereinsangelegenheiten zu. (§ 61.)

f) Er ist der Untergebene des Verbandsvorstandes und hat dessen Weisungen zu folgen. (§ 54.)

g) Er hat jedem Vereinsvorstande einen schriftlichen Revisionsbericht zu erstatten und dem Verbandsvorstande eine Abschrift von demselben einzusenden. (§ **61**, 3.)

h) Er hat jedem Vereine eine Bescheinigung über die geschehene Revision auszustellen, die von dem Vereinsvorstande dem Gerichte einzusenden ist. (§ **61**, 2.)

i) Er hat Anspruch auf den Ersatz baarer Auslagen und auf Bezahlung seiner Arbeit. (§ 60.)

8. **Der Revisionsbericht.**

Der Revisor hat zu erstatten:

a) Einen schriftlichen Revisionsbericht an den Vorstand jedes revidirten Vereins (§ **61**, 3). Der Inhalt des Berichts hat den Bestimmungen des Verbandsstatuts zu genügen, außerdem aber auch den Normativbestimmungen, die event. der Reichskanzler auf Grund des § 62 erlassen wird.

b) Eine Abschrift des Berichts an den Verbandsvorstand. (§ **61**, 3.)

c) Einen mündlichen Bericht in der gemeinschaftlichen Sitzung des Vorstands und Aufsichtsraths des revidirten Vereins.

Wenn auch das Gesetz über den Punkt c keine Bestimmung enthält, so ist es doch höchst wünschenswerth, daß ein solcher Bericht nach jeder Revision gegeben wird.

9. **Kosten der Revision.**

Das Gesetz macht keinerlei Vorschrift über die Kosten der Revision. Die Deckung der Kosten im Revisionsverbande ist deshalb durch das Verbandsstatut festzustellen.

Bei Nichtverbandsvereinen ist die Lösung der Kostenfrage in jedem einzelnen Falle der freien Verständigung zwischen dem Revisor und dem revidirten Vereine überlassen. Im Fall aber keine Einigung erfolgt, werden die Kosten durch das Gericht festgestellt. (§ **60**, 2.)

Richtig ist, bei der Verbandsrevision einen Theil der Kosten aus der Verbandskasse zu decken, um dadurch einen gewissen Durchschnittssatz der Kosten zu erzielen und die ganz kleinen Vereine etwas zu entlasten.

Rückgriff gegen Vormünder und Verwalter (siehe Verjährung).

Rückwirkende Kraft des Gesetzes.

1. Nach § 66 ist der Ausschluß von Mitgliedern möglich, wenn sie einer gleichartigen Genossenschaft angehören (vergl. Doppelmitgliedschaft). Diese Bestimmung hat aber **keine** rückwirkende Kraft. (§ 159.)

2. Jede Genossenschaft muß mindestens 7 Mitglieder haben. (§ 4.) Sinkt die Zahl unter 7, so hat das Gericht (§ 10) nach § 78 das Recht, die Genossenschaft aufzulösen.

Diese Bestimmung findet jedoch keine Anwendung auf die Vereine, die vor dem 1. Oktober weniger als 7 Mitglieder hatten und solange die Mitgliederzahl nachher nicht auf 7 gestiegen war. (§ 160.)

3. Nach § 112 und § 120 dürfen bei Genossenschaften mit unbeschränkter Haft resp. unbeschränkter Nachschußpflicht die einzelnen Genossen **nicht mehr als einen** Geschäftsantheil haben. Auch diese Bestimmung hat keine rückwirkende Kraft. (§ 163.)

Rückzahlungen bei dem Umlageverfahren (siehe Nachtragsvertheilung).

1. Sind vom Konkursverwalter im Umlageverfahren größere Beiträge eingezogen, als zur Befriedigung aller Gläubiger erforderlich waren, so sind die Ueberschüsse an die Genossen zurückzuzahlen. (§ **98**, 4 u. **108**, 3.)

2. Mitglieder und Ausgeschiedene, welche bei der Genossenschaft mit unbeschränkter Haft in Folge des sogenannten Einzelangriffs Gläubiger befriedigen mußten, haben das Recht auf Erstattung ihrer Auslagen im Wege der Umlage seitens der Genossenschaft. (§ 118.)

3. Ausgeschiedene, welche auf dem Wege der Umlage bei einer Genossenschaft mit unbeschränkter Nachschußpflicht zur Zahlung seitens des Kurators herangezogen wurden, haben das Recht auf Erstattung ihrer Auslagen seitens der Genossenschaft. (§ 124.)

Schlußvertheilung.

Die Genossen sind zu Nachschüssen solidarisch verpflichtet, soweit die Gläubiger im Fall des Konkurses der Genossenschaft bei der Schlußvertheilung der Masse (§ 149 der Konkursordnung) einen Ausfall erleiden. (§§ 98, 107, 109 u. 116.)

Schulden der Genossenschaft.

1. Der Ausscheidende hat die Schulden der Genossenschaft mit zu decken, wenn dazu die Reserven und Guthaben der Mitglieder nicht ausreichen. (§ 71.) (S. Auseinandersetzung.)

2. Bei der Abrechnung mit dem Ausscheidenden wird der Antheil zur Deckung der Schulden für ihn nach der Kopfzahl der Mitglieder berechnet, wenn das Statut keine andere Bestimmung enthält. (§ 71, 2.)

3. Sobald die Schulden einer Genossenschaft deren Vermögen überragen, hat der Vorstand die Generalversammlung zu berufen, um Beschluß zu fassen, ob die Genossenschaft aufgelöst oder fortgeführt werden soll. (§ 115.)

4. Bei beschränkter Haft ist alljährlich mit der Bilanz die Gesammtsumme der Schulden zu veröffentlichen. (§ 133.)

5. Eine Vertheilung des Vermögens unter die Mitglieder darf nicht vor Tilgung oder Sicherstellung aller Schulden des Vereins geschehen. (§ 88.)

Schuldschein (siehe Darlehen).

Separatbestimmungen für die Haftarten (siehe Haftarten).

Sicherstellung der Gläubiger.

Dieselbe ist erforderlich:

1) Bei Auflösung der Genossenschaft (§ 80) und bei Vertheilung des Vermögens unter die Mitglieder. (§ 88, 2.)

2. Bei Aufhebung des Konkursverfahrens. (§ 109.)

3. Im Fall der Herabsetzung der Haftsumme bei beschränkter Haft. (§ 127.)

Sitz.

1. Sitz der Genossenschaft.

a) Das Statut hat den Sitz der Genossenschaft anzugeben. (§ 6.)

b) Das Gericht hat den Sitz der Genossenschaft zu veröffentlichen. (§ 12.)

c) Die Eintragung in das Genossenschaftsregister hat bei dem Gerichte zu geschehen, in dessem Gerichte die Genossenschaft ihren Sitz hat. (§ 10.)

d) Die Klage gegen einen Beschluß der Generalversammlung ist bei dem **Landgericht** zu erheben, in dessem Bezirke die Genossenschaft ihren Sitz hat. (§ 49.)

2. Sitz des Vorstandes eines Revisionsverbandes.

Das Statut des Revisionsverbandes hat anzugeben, wo der Verbandsvorstand seinen Sitz hat. (§ 54.)

Sitzungen.

Auseinander zu halten sind:

1. Sitzungen des Vorstandes.
2. Sitzungen des Aufsichtsraths.
3. Gemeinschaftliche Sitzungen beider Organe.

Vorstand wie Aufsichtsrath haben eine Reihe Dinge jeder für sich zu erledigen. Ueber die Separatsitzungen sind genaue Protokolle zu führen. Anderseits sind eine Menge Dinge in den gemeinschaftlichen Sitzungen zu erledigen, über die ebenfalls genaue Protokolle geführt werden müssen. In den Statuten sind diese gegenseitigen Verhältnisse scharf gegen einander abzugrenzen. So gehört z. B. die Bewilligung eines Darlehns zunächst **nicht** in die gemeinschaftliche Sitzung, vielmehr hat der Vorstand vorweg darüber zu beschließen, ob der Ansuchende das Darlehen bekommen soll, und im Fall seiner Genehmigung hat er die Zustimmung des Aufsichtsraths in einer Sitzung des Aufsichtsraths oder in einer gemeinschaftlichen Sitzung einzuholen. Lehnt der Vorstand das Darlehen ab, so hat er nur diese Ablehnung zur Kenntniß des Aufsichtsraths zu bringen. Im Statut ist zu bestimmen, ob Beschlüsse auch durch Cirkularabstimmung gefaßt werden können.

Sorgfalt eines ordentlichen Geschäftsmannes.

1. Der Vorstand hat bei seiner Geschäftsleitung die Sorgfalt eines ordentlichen Geschäftsmannes anzuwenden. (§ 32).

2. Dem Aufsichtsrath wird in § 39 dieselbe Sorgfalt zur Pflicht gemacht.

Diese Bestimmungen sind dem Aktiengesetz entlehnt. Beide Organe haben in Folge dessen gewisse kaufmännische Dinge zu beachten, z. B. eine exakte Buchführung, die indeß keine italienische doppelte Buchführung zu sein braucht (s. Buchführung), oder eine richtige Inventuraufnahme, oder eine genaue Bilanzaufstellung 2c.

Spareinlagen (vergl. Anleihen).

Ein Hauptttheil der Betriebsmittel der Creditvereine bilden die Spareinlagen der Mitglieder und Nichtmitglieder. Eine besondere Erlaubniß zur Entgegennahme von Spareinlagen von irgend einer Behörde ist nicht erforderlich, auch fällt die Annahme von Spareinlagen von Nichtmitgliedern nicht unter das Verbot in § 8.

Das Gesetz bestimmt nur in § 47 wörtlich: „Die Generalversammlung hat den Gesammtbetrag festzusetzen, welchen Anleihen der Genossenschaft und Spareinlagen bei derselben nicht überschreiten sollen".

Das Genossenschaftsgesetz vom 4. Juli 1868 hatte eine derartige Bestimmung nicht und schwerlich gehört dieselbe auch in ein Gesetz. Für manche Vereine mag die Bestimmung passend und ersprießlich sein, für viele Vereine, die eine gewisse Größe überschritten haben, aber paßt die Bestimmung absolut nicht.

Die richtige Behandlung des Spareinlagengeschäfts ist für jeden Verein höchst wichtig. Gewisse allgemeine Regeln lassen sich wohl für diesen Verkehr aufstellen, die langjährige Erfahrung giebt dabei manche Winke an die Hand, doch ist es unmöglich, allen lokalen Verhältnissen in einem Reglement genügend Rechnung zu tragen. Möglichst lange Kündigungsfristen für die Zurücknahme der Spareinlagen müssen erstrebt, dem zu großen Andrange der Einlagen durch Herabsetzung des Zinsfußes entgegen getreten werden. Umgekehrt ist stets Sorge dafür zu tragen, daß die Quelle der Spareinlagen den Vereinen nie versiegt.

Den Sparbüchern ist gewöhnlich die Sparkassenordnung der Vereine vorgedruckt. Bei Aufstellung einer neuen resp. Abänderung einer alten Ordnung ist ein Vergleich zwischen den Sparordnungen verschiedener Vereine sehr zweckdienlich.

Staatsbehörde.

1. Welche Behörde in jedem Bundesstaate unter der Bezeichnung Staatsbehörde zu verstehen ist, soll nach § 171 von der Zentralbehörde des Bundesstaates bekannt gemacht werden.

2. Der Staatsbehörde muß die Einsicht in das Protokollbuch der Generalversammlungen jederzeit gestattet werden. (§ 45.)

Statistik.

Die Genossenschaften pflegten auf ihrem Gebiete die Statistik von jeher in mustergültiger Weise und werden es auch gewiß zur Förderung der guten Sache in Zukunft thun.

Statut.

Jede Genossenschaft muß ein Statut haben, dasselbe muß schriftlich abgefaßt sein. (§ 5.)

Zur Abfassung des Statuts bedient man sich am besten der im Buchhandel erschienenen Musterstatuten und Statuten benachbarter Vereine. Dabei sind die lokalen Verhältnisse natürlich zu berücksichtigen. Der eine Verein muß nach seinen lokalen Verhältnissen z. B. 12 Ausschußmitglieder haben, dem anderen genügen vielleicht schon 5 oder 7 Mitglieder.

2. Den Inhalt der Statuten geben im Allgemeinen die §§ 6 bis 8. Nur in denjenigen Punkten darf das Statut von dem Genossenschaftsgesetz abweichen, die das Gesetz ausdrücklich angiebt. (§ 18.)

Solche Abweichungen sind gestattet durch die §§ **16**, 2, **19**, 2, **20**, **24**, 2, **25**, 1, **34**, 1, **37**, 2, **40**, **41**, 3, **42**, 1, **43**, 1, **44**, **63**, 2, **65**, **66**, **71**, **74**, 1, **76**, 1, **81**, 1, **83**, **87**, 2, **89**, 3, **98**, 2, **114**, **126**, **128** und **132**.

3. Das Statut ist in das Genossenschaftsregister einzutragen. (§ 10.)

4. Die Anmeldung zur Eintragung bei dem Gerichte (§ 10) liegt dem Vorstande ob. (§ 11.) (S. Gründung.)

5. Das Gericht hat das Statut im Auszuge zu veröffentlichen. (§ 12.)

6. Nur die Generalversammlung kann das Statut abändern. (§ 16.)

7. Die Abänderung ist zur Eintragung anzumelden. (§ 16.)

8. Das Statut bildet zunächst die Grundlage der Rechtsverhältnisse der Genossenschaft und der Genossen. (§ 18.)

9. Der Vorstand hat die Beschränkungen einzuhalten, die das Statut ihm auferlegt. (§ 27.)

10. Wenn das Statut die Einzahlungen auf den Geschäftsantheil **nicht** nach Betrag und Zeit festsetzt, so hat das die Generalversammlung zu thun. (§ 48.)

11. Gegen den Beschluß einer Generalversammlung kann Klage erhoben werden, sobald derselbe gegen das Gesetz oder das Statut verstößt. (§ 49.)

12. Ein sogenannter Revisionsverband muß ein besonderes Statut haben. (§§ 54 bis 56.)

13. Das Statut hat zu bestimmen, wo die Bücher und Schriften des Vereins nach Beendigung seiner Liquidation aufbewahrt werden sollen. (§ 90.)

14. Das Statut kann neben den gesetzlichen noch besondere Bestimmungen für die Umwandlung aus einer in die andere Haftart aufstellen. (§ 138.)

15. Wenn das Statut keine Bestimmungen über die Bildung eines Reservefonds enthält, so ist mindestens der zehnte Theil des jährlichen Reingewinns der Reserve zuzuweisen. (§ 156.) (S. Reservefond.)

Stellvertreter.

1. Für die Vorstandsmitglieder können Stellvertreter bestellt werden. Für solche Stellvertreter gelten alle Vorschriften, welche für den Vorstand selbst gegeben sind. (§ 33.)

2. Aufsichtsrathsmitglieder können nur vorübergehend, nicht dauernd Stellvertreter für Vorstandsmitglieder sein. (§ 35.) (Vergl. Aufsichtsrath, Nr. 8.)

Stimmenmehrheit.

1. Ueber gewisse Gegenstände kann die Generalversammlung schon mit einfacher Stimmenmehrheit beschließen. (§ **8**, 4.) So z. B. im Fall des § 20, oder wenn das Statut diese einfache Mehrheit bestimmt, wie in § **16**, 2.

2. Dagegen ist zur Beschlußfassung eine Mehrheit von drei Viertheilen der Erschienenen unbedingt nöthig:

a) Bei Abänderung des Gegenstandes des Unternehmens. (§ 16.)

b) Zur Widerrufung der Bestellung des Aufsichtsraths. (§ **34**, 3.)
c) Zur Auflösung der Genossenschaft. (§ 76.)
d) Zur Erhöhung der Haftsumme. (§ 126.)
e) Zur Umwandlung der unbeschränkten Nachschußpflicht in die unbeschränkte Haftpflicht oder der beschränkten Haft in unbeschränkte Nachschußpflicht resp. in unbeschränkte Haft. (§ 138.)

Stimmrecht.

1. Jeder Genosse hat das Recht der Theilnahme an der Abstimmung in der Generalversammlung. (§ 41.)

2. Jeder Genosse hat dabei nur **eine** Stimme. (§ 41.)

3. Der Genosse hat **in dem Fall kein** Stimmrecht, wenn er durch die Beschlußfassung entlastet werden soll. (§ 41.)

4. Gewisse Mitglieder, die § **41**, 3 angiebt, können ihr Stimmrecht durch Bevollmächtigte ausüben.

5. Ein Bevollmächtigter kann aber **nicht mehr als einen** Genossen vertreten. (§ **41**, 4.)

6. Sind die Frauen durch das Statut von der Generalversammlung ausgeschlossen, so können sie ihr Stimmrecht durch Bevollmächtigte ausüben. (§ **41**, 4.)

7. Mehrere Erben eines verstorbenen Mitgliedes können ihr Stimmrecht gemeinsam durch einen Bevollmächtigten ausüben. (§ 75.)

Strafen (siehe Ordnungsstrafen).

Die Strafbestimmungen in den §§ 140 bis 145 sind in dem Gesetze **neu** und meist dem Aktiengesetz entnommen. Dieselben sind auf den ersten Blick hart, haben indeß keine Bedeutung für Diejenigen, welche ihre Pflicht und Schuldigkeit thun. Einige der Strafen treffen auch nur Diejenigen, welche „absichtlich" (§ 140) die Genossenschaft schädigen, oder welche „wissentlich" (§ 141) unwahre Berichte und Angaben in den Generalversammlungen oder Schriftstücken machen.

Tagesordnung (siehe Generalversammlung).

Tantième (siehe Besoldung).

Die Mitglieder des Aufsichtsraths dürfen keine nach dem Geschäftsergebniß bemessene Vergütung (Tantième) beziehen. (§ **34**, 2.)

Damit ist aber keineswegs gesagt, daß der Aufsichtsrath nicht eine im Voraus festgesetzte Bezahlung für seine Arbeit bekommen könne. Auch kann diese feste Bezahlung von Zeit zu Zeit nach Maßgabe des Reingewinns erhöht werden. Weiter kann der Aufsichtsrath neben seiner festen Besoldung jährlich eine Remuneration erhalten, bemessen nach dem jedesmaligen Reingewinn. Das Gesetz will nur durch den Ausschluß einer im Voraus bestimmten Tantième verhüten, daß der Aufsichtsrath leichthin Geschäfte gutheißt, um sich dadurch eine größere Tantième zu sichern.

Tod.

Im Fall des Todes eines Genossen hört die Mitgliedschaft mit dem Schluß des Jahres auf, in dem der Tod erfolgte. Die Erben haben die Mitgliedschaft bis zum Jahresschluß fortzusetzen. (§ 75.)

Der Tod ist seitens des Vorstandes dem Gericht (§ 10) anzumelden (§ **75**, 2); dieses hat event. dem Gerichte der Zweigniederlassung Kenntniß zu geben. (§ 149.)

Die Frist der Haftung regulirt sich nach § 119.

Uebergangsbestimmungen.

1. Wegen Mindestzahl der Vorstandsmitglieder. (§ 158.)
2. Wegen Bestellung eines Aufsichtsraths. (§ 158.)
3. Wegen des Credits an Nichtmitglieder. (§ **157**, 2.)
4. Wegen Ansammlung des Reservefonds. (§ 156.)
5. Wegen der Länge des Geschäftsjahres. (§ 157.)
6. Wegen Haftung der Mitglieder nach dem Gesetz vom 4. Juli 1868. (§ 161.)
7. Wegen Einreichung der Generalliste. (§ 164.)

Ueberschuldung.

1. Konkurseröffnung im Fall der Ueberschuldung nach der Auflösung. (§§ 91 und 92.)

2. Sofortige Berufung der Generalversammlung im Fall der Ueberschuldung, um zu beschließen, ob die Genossenschaft aufgelöst werden soll. (§§ 115 und 120.)

3. Konkurseröffnung bei beschränkter Haft sofort dann, wenn die Ueberschuldung ein Viertheil des Betrages der Haftsumme aller Genossen übersteigt. (§ 134.)

Ueberschüsse.

Ueberschüsse in der Liquidation sind nach Köpfen zu vertheilen. (§ **89**, 2). Zuviel eingezogene Beiträge sind vom Konkursverwalter an die Genossen zurückzuzahlen. (§ **108**, 3.)

Uebertragung der Guthaben.

Jeder Genosse kann durch Uebertragung seines Guthabens auf eine andere Person **jederzeit** aus der Genossenschaft ohne Abrechnung ausscheiden. Der Uebernehmer ist bereits Mitglied, dann darf aber durch die Zuschreibung der Höchstbetrag des Geschäftsantheils nicht überschritten werden, oder er muß erst als Mitglied aufgenommen werden, dann hat er eine regelrechte Beitrittserklärung zu unterschreiben. (§ 74.)

Die Uebertragung ist dem Gericht sofort anzumelden und dabei die Versicherung abzugeben, daß durch die Erwerbung der Höchstbetrag des Geschäftsantheils nicht überschritten werde. (§ **74**, 2.)

Der Uebertragende scheidet mit dem Tage der Eintragung in die Liste aus. (§ **74**, 3.) Der Ausscheidende haftet noch dann für den Theil, den sein Erwerber im Fall des Konkurses nicht zahlen kann, vorausgesetzt, daß der Konkurs innerhalb 6 Monaten nach dem Ausscheiden ausbricht. (§ **74**, 4.)

Auch bei beschränkter Haft ist die Uebertragung des Guthabens möglich. (§ 132.)

Das Statut kann die Uebertragung des Guthabens untersagen oder an weitere Bedingungen knüpfen, als das Gesetz angiebt. (§ **74**, 1.)

Die Möglichkeit des Uebertragens der Guthaben ist neu in dem Gesetz. Ein Bedürfniß nach dieser Neuerung dürfte kaum nachzuweisen sein und so werden wohl die meisten Vereine von dem Rechte Gebrauch machen, die Uebertragung der Guthaben durch das Statut auszuschließen.

Ueberwachung.

Der Vorstand (§ 36) wie die Liquidatoren (§ 87) unterstehen der Ueberwachung des Aufsichtsraths.

Umlage im Konkurse.

In dem Gesetz werden die verschiedenen Umlagen zur Deckung des Ausfalles im Konkurse genannt: Vorschußberechnung, Zusatzberechnung und Nachschußberechnung.

A. Gemeinsame Bestimmungen für alle drei Haftarten.

Der Beginn der Umlage ist in dem neuen Gesetze auf einen viel früheren Zeitpunkt im Konkurse gelegt, als im alten Gesetz. Und gerade darin liegt eine wesentliche Verbesserung des ganzen Verfahrens.

Nach dem neuen Gesetze hat die Umlage unter den Genossen bei allen drei Haftarten **möglichst kurz nach** Eröffnung des Konkurses einzutreten, um so den Ausfall möglichst rasch zu decken. Nach dem alten Gesetz konnte die Umlage **erst dann** eintreten, nachdem mit der Vertheilung der Konkursmasse begonnen werden sollte. In demselben Augenblicke bekamen aber auch die Gläubiger das schwerwiegende Recht, jeden einzelnen Genossen für ihre erlittenen Ausfälle direct belangen zu können (Recht des Einzelangriffs), brauchten also nicht erst das Resultat der Umlage abzuwarten. Und gerade in diesem zu späten Eintritt der Umlage, verbunden mit dem Recht des Einzelangriffs für die Gläubiger lag die große Gefahr der unbeschränkten Haftpflicht für die Genossen.

Bei der neuen Haftart, der unbeschränkten Nachschußpflicht, hat das Gesetz den Einzelangriff ganz beseitigt, bei der bisherigen Haftart, der unbeschränkten Haftpflicht, hat das Gesetz die Gefahr des Einzelangriffs durch Bessergestaltung des Umlageverfahrens wesentlich abgemindert.

Bei allen drei Haftarten hat die Umlage nach Köpfen zu geschehen, wenn nicht das Statut einen anderen Modus bestimmt hat. (§ 98).

Sofort nach Aufnahme der Bilanz über die Konkursmasse seitens des Gerichts hat der Konkursverwalter eine Berechnung (Vorschußberechnung) über die Höhe des Fehlbetrages aufzustellen. (§ 99.) Die von den einzelnen Genossen einzuziehenden Beträge sind von vornherein so hoch zu bemessen, daß voraussichtlich ein Ausfall an der Deckungssumme nicht entsteht, wenn einzelne Genossen sich bei der Einziehung als zahlungsunfähig erweisen. Das Gericht erklärt die Berechnung nach Anhörung der Genossen (§ 100) für vollstreckbar. (§ 99.) Die Einziehung hat ohne Verzug zu geschehen und die eingehenden Gelder sind zu belegen. (§ 103.) Das Verfahren ist seitens der Genossen auf dem Wege der Klage anfechtbar. Zusatzberechnungen hat der Konkursverwalter nöthigenfalls zu wiederholen (§ **106**, 2) und die Beträge wieder einzuziehen.

Sobald mit der Schlußvertheilung der Konkursmasse nebst den zugeflossenen Beiträgen der Genossen an die Gläubiger begonnen wird, hat der Konkursverwalter die sog. **Nachschußberechnung** anzustellen zur Ergänzung oder Berichtigung seiner ersten Berechnungen (Vorschuß- und Zusatzberechnungen). Die Berechnung hat das Gericht wieder für vollstreckbar zu erklären 2c. (§ 108.) Die dabei auf die Genossen wieder fallenden Beiträge sind sofort einzuziehen. Bei dieser Berechnung bleiben die Genossen außer Acht, die sich bei den ersten Umlagen als zahlungsunfähig erwiesen. (§ **107**, 2.)

Stellt sich schließlich heraus, daß der Konkursverwalter zu viel eingezogen hat, so hat er den Ueberschuß an die Genossen zurückzuzahlen. (§ **108**, 3.)

Zu den Umlagen werden alle Genossen herangezogen, auch diejenigen Ausgeschiedenen, deren Ausscheiden als nicht erfolgt gilt, wenn die Genossenschaft binnen 6 Monaten nach ihrem Ausscheiden in Konkurs geräth. (§ 73.)

Scheidet ein Genosse durch Uebertragung seines Geschäftsguthabens aus (§ 74) und wird die Genossenschaft binnen 6 Monaten nach der Eintragung des Ausscheidens ins Genossenschaftsregister aufgelöst, so hat er im Fall des Konkurses die Zuschüsse insoweit zu leisten, als sie der Erwerber seines Guthabens zu leisten nicht im Stande ist. (§ 74.)

Stirbt ein Genosse, so gilt er als ausgeschieden erst vom Schluß des Geschäftsjahres an, in dem er starb. Die Erben haben die Mitgliedschaft bis zum Schluß des Jahres fortzusetzen. (§ 75.) Auch die Erben haften gleich den anderen ausgeschiedenen Genossen. (§ 73).

B. Besondere Bestimmungen für jede Haftart.

1. Für die unbeschränkte Haftpflicht.

Jedes Mitglied einer Genossenschaft mit unbeschränkter Haftpflicht ist solidarisch mit seinem ganzen Vermögen einmal der Genossenschaft im Umlageverfahren, dann aber auch den Gläubigern derselben im Einzelangriff **direct** haftbar.

Die Gläubiger können, soweit sie im Konkurse nicht befriedigt werden, jeden einzelnen Genossen für den Ausfall in Anspruch nehmen, also direct anfassen, ohne daß dem Einzelnen die Einrede der Theilung zusteht. Dieses Recht der Gläubiger nennt man schlechthin: „Das Recht des Einzelangriffs". Der Einzelangriff ist aber gegen die Mitglieder erst gestattet nach Ablauf von **drei** Monaten seit dem Termine, in dem die sogenannte Nachschußberechnung des Konkurskurators seitens des Gerichts für vollstreckbar erklärt wurde. (§ 107.) Der einzelne Genosse kann von verschiedenen resp. allen Gläubigern **zugleich** direct belangt werden.

Die Genossen, welche in Folge des Einzelangriffs Gläubiger befriedigen mußten, treten in die Rechte der Gläubiger ein, können ihre Auslagen auf dem Wege der Umlage von der Genossenschaft, nicht aber von den einzelnen Mitgenossen auf dem Wege des Einzelangriffs wiederverlangen. (§ 118.)

Auch die ausgeschiedenen Genossen, sofern ihr Ausscheiden innerhalb der letzten **zwei** Jahre vor der Konkurseröffnung erfolgte, sind den Gläubigern **direct haftbar** für die Verbindlichkeiten, welche die Genossenschaft am Tage ihres Ausscheidens belasteteten. (Vergl. jedoch § 73, wonach das Ausscheiden als garnicht geschehen betrachtet wird, wenn es innerhalb **sechs Monate** vor der Konkurseröffnung erfolgte.) Der Einzelangriff der

Gläubiger gegen Ausgeschiedene ist aber erst nach Ablauf von **sechs Monaten** statthaft, seit dem Termine, in dem die sogenannte Nachschußberechnung (§ 107) seitens des Gerichts für vollstreckbar erklärt wurde. (§ 119.)

Die Ausgeschiedenen, welche in Folge des Einzelangriffs Gläubiger befriedigen mußten, können die Erstattung ihrer Zahlungen von der Genossenschaft auf dem Wege der Umlage (§ 118), nicht aber durch den Einzelangriff gegen einzelne Genossen verlangen. Im Fall diese Umlage ohne Erfolg sein sollte wegen Zahlungsunfähigkeit **aller** Vereinsmitglieder, kann der Ausgeschiedene die Wiedererstattung seiner Zahlungen von anderen Ausgeschiedenen nur auf dem Wege der Civilklage verlangen.

2. **Für die unbeschränkte Nachschußpflicht.**

Die Mitglieder einer Genossenschaft mit unbeschränkter Nachschußpflicht können seitens der Gläubiger nicht durch den Einzelangriff herangezogen werden; die Deckung ihrer Ausfälle im Konkurse hat lediglich auf dem Wege der Umlage zu erfolgen. Die Umlage hat so oft zu geschehen, bis alle Gläubiger befriedigt sind. (§ **124**, 1.) Bei Wiederholung der Umlage sind die Genossen unbeachtet zu lassen, welche sich bei den früheren Umlagen als zahlungsunfähig erwiesen.

Die aus der Genossenschaft ausgeschiedenen Genossen haben — abgesehen von der Haftung nach § 73 — noch 18 Monate nach ihrem Ausscheiden für **alle** Verbindlichkeiten derselben zu haften. Jedoch sind auch sie nur durch die Umlage, nicht durch den Einzelangriff heranzuziehen und **nur** für denjenigen Rest der Verbindlichkeiten, welcher drei Monate nach dem Termine nicht gedeckt ist, in welchem die Nachschußberechnung des Konkursverwalters (§ 107) seitens des Gerichts für vollstreckbar erklärt wurde. (§ 123.)

Der Konkursverwalter hat auch diese eventuelle Umlage gegen die Ausgeschiedenen zu leiten. (§ **123**, 1.) Eine Wiedererstattung geleisteter Zuschüsse können die Ausgeschiedenen von der Genossenschaft durch Hülfe des Konkursverwalters, aber auch nur auf dem Wege der Umlage verlangen. (§ **124**, 2.)

3. Für die beschränkte Haftpflicht (Theilhaft).

Die einzelnen Genossen (Mitglieder) einer Genossenschaft mit beschränkter Haftpflicht (Theilhaft) können im Fall des Konkurses unter keinen Umständen **über die im Statut bestimmte Haftsumme hinaus** weder von der Genossenschaft noch von den Gläubigern durch den Einzelangriff in Anspruch genommen werden. (§ 135.) Innerhalb dieser Grenze aber gelten bezüglich der Umlagen (Vorschuß-, Zusatz- und Nachschußberechnung) und des directen Angriffs im Fall des Konkurses bei der Genossenschaft mit beschränkter Haftpflicht genau die „besonderen" Vorschriften, welche unter Nr. 1 für die Genossenschaft mit unbeschränkter Haftpflicht aufgeführt sind. (§§ 116 bis 119).

Umwandlung der Genossenschaft aus einer Haftart in die andere.

Das neue Genossenschaftsgesetz läßt zu, daß jede Genossenschaft unter gewissen Vorbedingungen von einer Haftart in eine der anderen Haftarten überführt werden kann. Die **jetzt** auf Grund des alten Gesetzes bestehenden Genossenschaften haben sämmtlich die unbeschränkte Haftpflicht. Dieselben haben zunächst auf den 1. Oktober d. J. die Bezeichnung: „Eingetragene Genossenschaft mit unbeschränkter Haftpflicht" (§ 155) anzunehmen, können dann aber später zu einer der beiden anderen Haftarten übergehen.

Es kann also in Zukunft jeder Creditverein übergehen:

1. Von der unbeschränkten Haft zu der unbeschränkten Nachschußpflicht.

2. Von der unbeschränkten Haft zu der beschränkten Haft (Theilhaft).

3. Von der unbeschränkten Nachschußpflicht zu der unbeschränkten Haft.

4. Von der unbeschränkten Nachschußpflicht zu der beschränkten Haft (Theilhaft).

5. Von der beschränkten Haft (Theilhaft) zu der unbeschränkten Haft.

6. Von der beschränkten Haft (Theilhaft) zu der unbeschränkten Nachschußpflicht.

A. Uebergang aus der strengeren Haft in eine mildere Haft.

Für den Uebergang von der unbeschränkten Haft in die unbeschränkte Nachschußpflicht, oder in die beschränkte Haftpflicht, wie auch von der unbeschränkten Nachschußpflicht in die beschränkte Haft ist vorgeschrieben:

1. Die Generalversammlung hat die Umwandlung zu genehmigen. (§ 138.) (S. Stimmenmehrheit, Nr. 2, e.)

2. Der Beschluß der Umwandlung ist drei mal in denjenigen öffentlichen Blättern bekannt zu machen, welche das Statut vorschreibt. (§ 80, 2.)

3. In den drei Bekanntmachungen sind alle Gläubiger aufzufordern, sich bei dem Vereine zu melden. (§ 80, 2.)

4. Denjenigen Gläubigern, welche der Umwandlung nicht zustimmen, sind die Forderungen auszuzahlen resp. sicher zu stellen. Nicht erschienene Gläubiger kommen nicht in Betracht.

5. Nichterhobene, betagte, sowie streitige Forderungen sind zurückzubehalten. Ebenso schwebende Verbindlichkeiten. (§ 88, 2.)

6. Erst nach einem Jahre, vom Tage der dritten Bekanntmachung an gerechnet, ist die Umwandlung dem Genossenschaftsrichter seitens des Vorstandes anzumelden. Dabei sind die Bekanntmachungen vorzulegen und eine schriftliche Erklärung abzugeben, daß diejenigen Gläubiger, welche nicht zugestimmt, befriedigt oder sichergestellt sind. (§ 127, 2.) Erst dann findet die Eintragung in das Genossenschaftsregister statt, wodurch die Umwandlung in Kraft tritt. (§ 127, 2.)

7. Der Vorstand ist persönlich und solidarisch den Gläubigern für den Schaden haftbar, der aus der Nichtbefolgung dieser Vorschriften entsteht. (§ 88, 3.)

8. Der Aufsichtsrath ist gleichfalls für den Schaden haftbar, wenn die Nichtbefolgung mit seinem Wissen geschieht, und er nicht dagegen einschreitet. (§ 88, 3.)

9. Die Verpflichtung des Vorstandes und Aufsichtsraths wird dadurch nicht aufgehoben, daß die Nichtbefolgung dieser Vorschriften infolge eines Beschlusses der Generalversammlung geschah. (§ **88**, 3.)

10. Die Umwandlung ist auch für die Ausgeschiedenen bindend (§ **139**, 1); dieselben können jedoch nicht in Anspruch genommen werden, wenn sie einer Genossenschaft mit unbeschränkter Nachschußpflicht angehörten und bereits **früher** als 18 Monate ausgeschieden waren. (§ **139**, 2.) Gehörten dieselben einer Genossenschaft mit beschränkter Haft (Theilhaft) an, so können sie nicht über die Haftsumme hinaus herangezogen werden. (§ **139**, 2.)

Anmerkung: Die Ueberführung eines Creditvereins von der „unbeschränkten Haft" in die „unbeschränkte Nachschußpflicht" oder die „beschränkte Haft" (Theilhaft) ist keineswegs ganz leicht. Das zeigen schon die Bestimmungen unter 3 und 4. Ob die Ueberleitung ohne jede Gefahr für einen Verein möglich ist, läßt sich nur nach den lokalen Verhältnissen richtig beurtheilen. Geboten ist jede Vorsicht, ehe man zu einer solchen Umwandlung schreitet. Anders liegt die Sache bei Neugründung eines Vereins, da ist die unbeschränkte Nachschußpflicht ohne direkten Angriff jedenfalls der unbeschränkten Haft mit direktem Angriff unbedingt vorzuziehen.

B. Uebergang von der milderen Haft zu der strengeren Haft.

Für den Uebergang von der unbeschränkten Nachschußpflicht in die unbeschränkte Haft, oder von der beschränkten Haft (Theilhaft) in die unbeschränkte Nachschußpflicht resp. in die unbeschränkte Haft ist erforderlich:

1. Die Mehrheit von **drei Viertheilen** aller in der Generalversammlung erschienenen Genossen hat dafür zu stimmen. (§ 138.)

2. Es müssen diejenigen Bedingungen erfüllt werden, die etwa das Statut **außerdem** noch für diese Umwandlung vorschreibt. (§ 138, letzter Satz.)

3. Die Umwandlung ist auch bindend für die Ausgeschiedenen (siehe jedoch Nr. 10 unter A).

Veräußerung unbeweglicher Sachen.

Die Liquidatoren können unbeweglich̄e Sachen nur durch öffentliche Versteigerung veräußern, doch kann das Statut oder die Generalversammlung einen andern Modus denselben gestatten. (§ **87**, 2.)

Verbände.

1. Die deutschen Genossenschaften haben sich seit Jahren zur Förderung des Genossenschaftswesens zu Verbänden mit großem Erfolge zusammengethan. Ein allgemeiner Verband erstreckt sich über ganz Deutschland und gliedert sich nach Provinzen und Staaten in sogenannte Unterverbände. Alljährlich findet eine Versammlung des Hauptverbandes unter Theilnahme von Vertretern der Unterverbände und der einzelnen Genossenschaften statt. Ebenso treten die Unterverbände alljährlich mindestens einmal zusammen.

2. Das Gesetz schreibt den Vereinen für die Zukunft die obligatorische Revision vor, gestattet jedoch, daß die Vereine sich zu Verbänden zusammenthun und dann die Revisoren selbst bestellen können (siehe Revisionsverband). Die bisherigen Unterverbände werden später gewiß mit den Revisionsverbänden zusammenfallen.

Verbandsstatut (siehe Revisionsverband).

Verbandsvorstand (siehe Revisionsverband).

Vergütung für den Aufsichtsrath (siehe Tantième).

Verjährung.

1. Die Ansprüche der Genossenschaft gegen die Vorstandsmitglieder auf Schadenersatz verjähren in fünf Jahren. (§§ 32 u. 92.)

2. Dasselbe gilt von Ansprüchen gegen die Mitglieder des Aufsichtsraths. (§ 39.)

3. Das Recht der Klage gegen einen Beschluß der Generalversammlung verjährt in einem Monat. (§ 49.)

4. Das Recht der Klage eines Ausgeschiedenen auf Auszahlung des Guthabens verjährt in 2 Jahren. Die Verjährung beginnt mit Ablauf von 6 Monaten nach dem Ausscheiden. (§ 72.)

5. Das Recht der Klage der Gläubiger zum sog. Einzelangriff verjährt in 2 Jahren. Die Verjährung beginnt nach Ablauf der in § 116 bestimmten drei Monate. (§ **117**, 1.)

6. Die Verjährung läuft auch gegen minderjährige, bevormundete, wie juristische Personen, denen gesetzlich die Rechte der Minderjährigen zustehen. (§ **117**, 3.)

Verleihungsurkunde.

Der Bundesrath resp. die Zentralbehörden der Einzelstaaten verleihen den Revisionsverbänden durch eine besondere Verleihungsurkunde das Recht, Verbandsrevisoren anstellen zu dürfen. (§§ 55 u. 56.)

Verluste der Genossenschaft.

Je nach der Festsetzung im Statut sind etwaige Verluste aus den Reserven zunächst zu decken. Anderseits hat die Generalversammlung zu beschließen über die Vertheilung des Verlustes auf Grund der Guthaben, wenn das Statut nicht einen anderen Maßstab festsetzt. (§§ 19 u. 46.)

Vermögen der Genossenschaft.

1. Das Vermögen der Genossenschaft setzt sich zusammen aus den Reserven, den Geschäftsantheilen resp. Guthaben und sonstigen Vermögensobjekten. Die Auseinandersetzung mit einem Ausgeschiedenen bestimmt sich nach der Vermögenslage des Vereins zur Zeit des Austritts des Mitgliedes an der Hand der Bilanz. (§ **72**, 2.) (S. Auseinandersetzung.)

2. So ist es möglich, daß ein Austretender nicht allein kein Guthaben ausgezahlt erhält, sondern noch Zuschüsse an die Genossenschaft zu leisten hat, indem Reserven und Guthaben nicht zur Deckung der Schulden ausreichten. (§ **71**, 2.)

3. Ein Ausscheidender hat keinen Anspruch an die Reserven und das sonstige Vereinsvermögen. (§ **71**, 2.)

4. Vorstand, Aufsichtsrath und die Liquidatoren treffen harte Strafen, wenn sie in Wort und Schrift wissentlich falsche Angaben über den Vermögensstand der Genossenschaft machen. (§ 141.)

5. Die Mehrung des Vereinsvermögens haben sich die Creditvereine von jeher angelegen sein lassen, wie die Statistik beweist. Auch für die Zukunft wird dies ihr Bestreben sein.

Vertheilung des Vermögens.

1. Eine Vertheilung des Vermögens darf nicht vor Tilgung resp. Sicherstellung der Schulden und nicht vor Ablauf eines Jahres seit der letzten Bekanntmachung (§ **80**, 2) geschehen. (§ 88.)

2. Der Vertheilungsplan hat sich nach den Bestimmungen in § 89 zu richten.

3. Die Eröffnung des Konkurses ist nach Auflösung des Vereins so lange möglich, als die Vertheilung des Vermögens noch nicht stattgefunden hat. (§ **91**, 2.)

4. Die Vertheilung der Konkursmasse hat sobald als möglich zu geschehen. (§ 108.)

5. Bei Zahlungsunfähigkeit einzelner Genossen in der Umlage werden deren Beiträge zur Zahlung auf die übrigen vertheilt. (§ **98**, 3.)

Verträge.

Bei Abschließung von Verträgen zwischen der Genossenschaft und den Mitgliedern des Vorstandes hat der Aufsichtsrath die Genossenschaft zu vertreten. (§ 37.)

Vertretung.

1. Die Genossenschaft wird durch den Vorstand gerichtlich und außergerichtlich vertreten.

2. Bei Verträgen mit dem Vorstand hat der Aufsichtsrath die Genossenschaft zu vertreten. (S. Verträge.)

3. Die Genossenschaft kann den Betrieb von Geschäften

und ihre Vertretung Bevollmächtigten und Beamten übertragen. (§ 40.) Die Bestellung von Prokuristen ist indeß nicht zulässig. (S. Prokuristen.)

4. Gewisse Mitglieder können sich durch Bevollmächtigte in der Generalversammlung vertreten lassen. (§ **41**, 4.)

5. Die höhere Verwaltungsbehörde hat das Recht, in die Generalversammlungen der Revisionsverbände Vertreter **als Zuhörer** zu schicken; in die Verhandlungen dürfen dieselben nicht eingreifen. (§ 57.)

6. Auch die Liquidatoren haben die Genossenschaft gerichtlich und außergerichtlich zu vertreten. (§ 86.)

7. In Prozessen gegen den Aufsichtsrath wird die Genossenschaft durch die in der Generalversammlung gewählten Bevollmächtigten vertreten. (§ **37**, 3.)

Verwaltungsbehörde.

Welche Behörde in jedem Bundesstaate unter der Bezeichnung höhere Verwaltungsbehörde (§§ 56, 57, 59 u. 79) zu verstehen ist, wird von der Zentralbehörde des Bundesstaates bekannt gegeben. (§ 171.)

Verzeichnisse.

1. Jeder Verein hat ein **Verzeichniß** seiner Mitglieder zu führen und dasselbe mit der Liste des Gerichts in Uebereinstimmung zu halten. (§ 30.) Der Vorstand kann durch Ordnungsstrafen zur richtigen Führung des Verzeichnisses angehalten werden. (§ 152.)

Zur besseren Kontrole ist es darum gut, daß jedes neueintretende Mitglied zwei Beitrittserklärungen unterschreibt, deren eine bei den Akten des Vereins behalten wird.

2. Der Vorstand eines Revisionsverbandes hat alljährlich im Januar ein Verzeichniß der Verbandsvereine den Gerichten (§ 10) und der höheren Verwaltungsbehörde einzureichen. (§ 56.)

Verzinsung.

1. Die Verzinsung von Anleihen, Spareinlagen und Darlehen ist ein schwieriges Kapitel. Die Fragen richten sich

nach dem Geldmarkt im Allgemeinen und den lokalen Verhältnissen. Generelle Regeln lassen sich schwer aufstellen. (S. Spareinlagen.) Der Zweck der Vereine ist wohl, den Mitgliedern möglichst billiges Geld zu ihrer Wirthschaftsführung zu verschaffen, doch ist eine Grenze durch die Zinsen gezogen, die die Vereine selbst zu zahlen haben. Durch die Unterverbände soll ein Ausgleich unter den Vereinen in Geldsachen geschaffen werden; diese wichtige Aufgabe der Verbände dürfte noch auf eine höhere Stufe zu bringen sein.

2. Auf die Geschäftsguthaben dürfen Zinsen von im Voraus bestimmter Höhe nicht vergütet werden. (§ 21.)

Vollmacht (siehe Bevollmächtigte).

Vollstreckbarmachung.

1. Die Vorschußberechnung im Konkurse ist vollstreckbar zu erklären (§ **99**, 3) und zur Einsicht der Betheiligten auf dem Gerichte aufzulegen. (§ **101**, 2.)

2. Anfechtung der Vorschußberechnung durch Klage möglich. (§ 104.) Die Klage ist ausschließlich bei dem Gerichte zu erheben, welches die Berechnung für vollstreckbar erklärte. (§ 105.)

3. Auch die späteren Zusatz- und Nachschußberechnungen sind vollstreckbar zu erklären, wobei dieselben Vorschriften wie bei der Vorschußberechnung in Betracht kommen. (§§ 106 bis 108.)

Vormerkung in der Liste.

1. Auf Antrag eines Genossen resp. eines Gläubigers desselben (§ 64) hat das Gericht in der Liste eine Vormerkung wegen Ausscheidens auf Schluß des Jahres zu machen. (§ 69.)

2. Das Gericht hat dem Vorstande resp. dem Gläubiger und dem Genossen von der geschehenen Eintragung der Vormerkung Nachricht zu geben. (§ 70.)

3. Auch dem Gerichte einer Zweigniederlassung (§ 14) hat das Gericht (§ 10) Nachricht über die Vormerkung zu geben.

4. Gegen die Eintragung einer Vormerkung ist Berufung möglich. (§ 150.)

5. Gebühren für die Vormerkung werden vom Gerichte nicht erhoben. (§ 151.)

Vorschußberechnung (siehe Umlage).

Vorschuß- und Creditvereine.

Der Begriff dieser Vereine ist in § 1 des Gesetzes festgestellt. (§ 1.)

Vorstand.

A. Allgemeine Bestimmungen.

1. Jede Genossenschaft **muß** einen Vorstand (§ 9) von mindestens zwei Personen haben. (§ **24**, 2.) Spätestens bis zum 1. April 1890 hat jeder Vorstand aus mindestens zwei Personen zu bestehen. (§ 158.)

2. Der Vorstand wird von der Generalversammlung gewählt, doch kann das Statut auch eine andere Art der Bestellung festsetzen. (§ 24.) Die Vorstandsmitglieder müssen Genossen sein. (§ **9**, 2.)

Früher war die Ansicht vertreten, nur derjenige könne in den Vorstand gewählt werden, der bereits Mitglied der Genossenschaft sei. Der § 9 hat dem Zweifel ein Ende gemacht. Ist der Gewählte noch kein Mitglied der Genossenschaft, so muß er vor Antritt seines Amtes regelrecht Mitglied werden.

3. Die Mitglieder des Vorstandes sind von dem Gerichte (§ 10) in das Genossenschaftsregister einzutragen. Die Anmeldung liegt sämmtlichen Mitgliedern in Person ob. Was der Anmeldung beizufügen ist, besagt § 11. Dabei haben die Mitglieder ihre Unterschriften zu zeichnen, oder in beglaubigter Form einzureichen. (§ 11.)

Jede Aenderung im Vorstand, sowie die Wiederwahl der Vorstandsmitglieder sind gleichfalls anzumelden. (§ 28.)

4. Die **Bestellungsurkunde** des Vorstandes ist der Theil des Protokolls der Generalversammlung, welcher die Wahl des Vorstandes wiedergiebt. (§ **11**, 3.) (Vergl. Protokoll.)

5. Die Vorstandsmitglieder können besoldet oder unbesoldet sein, ihre Bestellung ist jederzeit widerruflich (§ 24), selbstredend vorbehaltlich ihrer gesetzmäßigen Ansprüche.

6. Bei Abfassung der Verträge über die Besoldung der Vorstandsmitglieder vertritt der Aufsichtsrath die Genossenschaft. (§ 37.) (Siehe Verträge.)

7. Der Vorstand hat in der Form für die Genossenschaft zu zeichnen, wie das Statut angiebt. (§ 25.) Weniger als zwei Mitglieder dürfen zur Zeichnung nicht bestimmt werden. (§ 25.) Ist in dem Statut keine Form bestimmt, so haben alle Mitglieder des Vorstandes zu zeichnen, indem sie zu der Firma des Vereins ihre Namen hinzusetzen. (§ 25.)

8. Die Genossenschaft wird **unbedingt berechtigt resp. verpflichtet, wenn die Rechtsgeschäfte nach Vorschrift seitens des Vorstandes abgeschlossen sind.** (§ 26.) Der Vorstand legitimirt sich dabei auf Verlangen durch einen Auszug aus dem Genossenschaftsregister. (Siehe Legitimation.)

9. Der Vorstand ist an das Statut und die Beschlüsse der Generalversammlung gebunden. Dritten Personen gegenüber haben solche Einschränkungen keinerlei rechtliche Wirkung. (§ 27.)

10. Die solidarische Ersatzpflicht der Vorstandsmitglieder wegen ihrer Handlungen verjährt in fünf Jahren. (§ 32.)

11. Aufsichtsrathsmitglieder können Vorstandsmitglieder nicht **dauernd** vertreten. (§ **35**, 1.) Ausscheidende Vorstandsmitglieder dürfen nicht eher in den Aufsichtsrath gewählt werden, bis ihnen Entlastung (Decharge) von der Generalversammlung ertheilt ist. (§ **35**, 2.)

12. Die Gewährung von Credit an die Vorstandsmitglieder ist an die Genehmigung des Aufsichtsraths gebunden. Das Statut kann noch schwerere Vorbedingungen aufstellen, auch den Vorstand von jedem Credit ausschließen. Dasselbe gilt von Uebernahme von Bürgschaften seitens des Vorstandes. (§ **37**, 2.) Die Bestimmung ist **neu und praktisch.**

13. Der Vorstand kann seitens des Aufsichtsraths von seinem Amte **vorläufig** enthoben werden, dann aber ist **ohne Verzug** eine Generalversammlung zu berufen. (§ **38**.)

14. Kein Stimmrecht in der Generalversammlung hat der Vorstand, wenn es sich um seine Entlastung (Decharge) handelt. (§ 41.)

15. **Das Recht der jederzeitigen Berufung einer Generalversammlung hat der Vorstand, wenn das Statut diese Berufung auch einem anderen Organe, z. B. dem Aufsichtsrathe übertragen hat.** (§ 42.)

16. Klage kann der Vorstand erheben gegen einen Beschluß der Generalversammlung, welcher gegen das Statut oder das Genossenschaftsgesetz verstößt. (§ 49.)

17. Mitglied des Vorstandes kann der nicht sein, welcher von der Genossenschaft ausgeschlossen wurde. (§ **66**, 4.)

18. Nachricht hat das Gericht dem Vorstande zu geben über die Eintragung des Beitritts (§ 15) resp. über die des Austritts (§ 70) eines Genossen.

19. Der Vorstand ist solidarisch haftbar für Auszahlungen nach der Zahlungsunfähigkeit des Vereins. (§ **92**, 2.)

20. Jedes einzelne Vorstandsmitglied ist berechtigt, die Konkurseröffnung zu beantragen. (§ 93.)

21. Ob der Vorstand im Fall des Konkurses weiter fungiren soll, hat die ohne Verzug zu berufende Generalversammlung zu entscheiden. (§ 97.)

22. Der Vorstand ist in dem Prüfungstermine im Konkurse zu hören. (§ 101.) Forderungen an die Genossenschaft, welche der Vorstand in dem Termine nicht bestritten hat, können später auch von den Genossen, wenn sie in der Umlage herangezogen werden, nicht bestritten werden. (§ **116**, 2.)

23. Der Vorstand ist verpflichtet, den Konkursverwalter in seiner Arbeit zu unterstützen. (§ 110.)

24. Ersatzpflichtig ist der Vorstand den Gläubigern gegenüber, sofern er trotz der Vorschriften in den §§ 19 und 22 Gewinn oder Guthaben auszahlt. (§ 136.)

25. **Neu** in dem Gesetz sind die Strafbestimmungen gegen den Vorstand in den §§ 140 bis 144, doch treffen dieselben nur die Personen, welche ihre Schuldigkeit, theilweise sogar absichtlich und wider besseres Wissen nicht thun.

26. Durch Ordnungsstrafen kann der Vorstand zur Erfüllung seiner Obliegenheiten angehalten werden. (§§ 152, 155 u. 164.)

B. Was hat der Vorstand in speciellen Fällen zu thun?

1. Anmeldung der Wahl des Vorstandes bei Gründung einer neuen Genossenschaft durch sämmtliche Mitglieder (§ 148) des Vorstandes in Person oder durch Einreichung in beglaubigter Form bei dem Gerichte (§ 10) behufs Eintragung in das Genossenschaftsregister. (§ 11.) Desgleichen jede Abänderung in dem Personenstande des Vorstandes und Wiederwahl einzelner Mitglieder (§ 28), wie auch die Aenderung in der Willenserklärung. (§ 29.)

2. Einsendung an das Gericht (§ 10):

a) Die Beitrittserklärungen innerhalb eines Monats. (§ 15.)

b) Die Kündigungen der Mitgliedschaft.

aa) Der freiwilligen spätestens 6 Wochen vor Schluß des Jahres. (§ 67.)

bb) Solche seitens der Gläubiger von Genossen ebenfalls spätestens 6 Wochen vor Schluß des Jahres. (§ 67.)

cc) Die Mittheilung von dem Tode eines Genossen zu jeder Zeit. (§ 75.)

dd) Im Fall das Quartal an Stelle des Jahres angenommen ist, Einsendung der Kündigung spätestens 3 Wochen vor Schluß des Quartals. (§ 114.)

ee) Wenn der Wegzug aus dem Bezirk in die letzten 6 Wochen des Jahres fällt, Einsendung der Kündigung ohne Verzug. (§ 67.)

ff) Wenn der Ausschluß eines Genossen in die letzten 6 Wochen des Jahres fiel, Meldung des Ausschlusses ohne Verzug. (§ 67.)

Mit einzusenden sind: Eine Bescheinigung über Aufgaben des Wohnsitzes (siehe Wohnsitz), resp. der Beschluß des Ausschlusses und die Versicherung, daß die freiwilligen Kündigungen rechtzeitig erfolgten.

3. Führung eines Verzeichnisses der Mitglieder. (§ 30.)

4. Führung der erforderlichen Bücher (§ 31) mit der Sorgfalt eines ordentlichen Geschäftsmannes. (§ 32.)

5. Bekanntmachung, wo die Bilanz 8 Tage vor der Generalversammlung aufliegen soll. (§ 46.)

Sofern das Statut besagt, daß die Bilanz alljährlich 8 Tage vor der Generalversammlung in dem Lokale der Genossenschaft aufliegen soll, ist die Bekanntmachung nicht erforderlich.

6. Veröffentlichung der Bilanz und der Zahl der Mitglieder innerhalb 6 Monaten nach Schluß des Geschäftsjahres. (§§ 31 u. 133.)

7. Einsendung der Veröffentlichung der Bilanz an das Gericht (§ 31) und das der Zweigniederlassung. (§ 148.)

8. Berufung der Generalversammlung ohne Verzug, wenn der zehnte Theil der Mitglieder oder der im Statut bestimmte geringere Theil darauf anträgt und der Aufsichtsrath die nach Statut ihm obliegende Berufung unterläßt. (§ 43.)

9. Bekanntmachung der Klage ohne Verzug, welche gegen einen Beschluß der Generalversammlung erhoben wurde, sowie des Termins zur mündlichen Verhandlung. (§ **49**, 3.)

10. Einreichung des Urtheils bei Gericht, sofern durch das Urtheil der Beschluß der Generalversammlung kassirt wurde, und der Beschluß schon in das Genossenschaftsregister eingetragen war. (§ **49**, 4.)

11. Mittheilung ohne Verzug durch einen Einschreibebrief an den Genossen, daß er von der Genossenschaft ausgeschlossen wurde. (§ **66**, 3.)

12. Meldung an das Gericht ohne Verzug über die geschehene Uebertragung eines Guthabens. (§ 74.)

13. Meldung an das Gericht ohne Verzug den Beschluß der Generalversammlung, die Genossenschaft aufzulösen. (§ 76.)

14. Sofortige Bekanntmachung der Auflösung. (§ 80.)

15. Anmeldung der zuerst bestellten Liquidatoren beim Gericht. (§ 82.)

16. Antrag auf Eröffnung des Konkurses im Fall der Zahlungsunfähigkeit der Genossenschaft. (§ 92.)

17. Unterstützung des Konkursverwalters. (§ 110.)

18. Alsbaldige Berufung einer Generalversammlung im Fall der Ueberschuldung zur Beschlußfassung darüber, ob die Genossenschaft aufgelöst werden soll. (§ 115.)

19. Anmeldung beim Gericht die Herabsetzung der Haftsumme und Einreichung der dazu gehörigen Bekanntmachung. (§ 127.) Dazu schriftliche Versicherung des Vorstandes, daß die nicht zugestimmten Gläubiger befriedigt resp. sicher gestellt sind. (§ 127, 2.)

20. Einreichung der Erklärung eines Genossen, daß er auf einen weiteren Geschäftsantheil betheiligt sein will und als Beilage die Versicherung des Vorstandes, daß die übrigen Geschäftsantheile des Genossen bereits erreicht sind. (§ 131.)

21. Anmeldung des Konkurses bei beschränkter Haft, wenn ohne Zahlungseinstellung sich aus einer Bilanz ergiebt, daß die Schulden ein Viertheil des Betrages der Haftsummen übersteigen. (§ 134.)

22. Einreichung einer Generalliste der Mitglieder beim Gericht im Monat Oktober 1889 behufs genauer Feststellung der Mitgliedschaft. (§§ 164 u. 169.) (Uebergangsbestimmung.)

C. Pflichten des Vorstandes des Revisionsverbandes (siehe Revisionsverband).

Wechselverkehr bei den Genossenschaften (siehe Darlehen).

Widerruf.

1. Die Bestellung (Wahl) des Vorstandes ist zu jeder Zeit widerruflich. (§§ 24 und 38.)

2. Dasselbe gilt vom Aufsichtsrath. (§ 34.)

Da der Aufsichtsrath nur von der Generalversammlung gewählt werden kann, so kann auch nur diese Körperschaft die Wahl widerrufen. Der Beschluß der Widerrufung bedarf einer Mehrheit von drei Viertheilen der Erschienenen. (§ 34.)

Widerspruch zu Protokoll.

1. Will ein **in** der Generalversammlung anwesender Genosse Klage gegen einen Beschluß der Versammlung erheben, so hat er **in** der Versammlung Widerspruch gegen den Beschluß zu Protokoll zu erheben. (§ 49.) (Siehe Anfechtung und Klage.)

2. Der Widerspruch gegen die Generalliste beim Uebergange vom alten zum neuen Genossenschaftsgesetze ist bei Gericht zu Protokoll zu erklären. (§§ 168 und 169.)

Wiederwahl.

Die Wiederwahl ausscheidender Vorstandsmitglieder ist zulässig. Die Wiederwahl ist ohne Verzug beim Gerichte (§ 10) behufs Eintragung anzumelden. (§ 28.)

Willenserklärung.

1. Der Vorstand, sowie die Liquidatoren haben ihre Willenserklärungen vor Gericht zu zeichnen, oder in beglaubigter Form einzureichen. (§ 11.)

2. Die Form der Willenserklärung kann auch im Statut angegeben sein und hat dann der Vorstand genau so zu zeichnen. (§ 25.) Jedes Mitglied des Vorstandes hat das Recht der Zeichnung. Ausgeschlossen kann kein Mitglied werden.

3. Die Willenserklärung ist vom Gerichte zu veröffentlichen. (§ **12**, 3.)

4. Die Bestimmungen gelten auch für Zweigniederlassungen. (§ 14.)

5. Für neugewählte resp. wiedergewählte Mitglieder gilt dasselbe. (§ 28.) .

6. Auch die Abänderung der Willenserklärung ist dem Gerichte anzumelden. (§ 29.)

7. Die Liquidatoren haben so zu zeichnen, wie bei ihrer Bestellung bestimmt wurde. Fehlt eine derartige Bestimmung, so haben alle, aber nie weniger als zwei zu zeichnen. (§ 83.)

Wohnsitz.

1. Die Genossenschaft kann den Erwerb und die Fortdauer der Mitgliedschaft an den Wohnsitz knüpfen. (§ 82.)

2. Ein Genosse, dessen Mitgliedschaft an den Wohnsitz geknüpft wurde, der seinen Wohnsitz aufgiebt, kann auf Jahresschluß seine Mitgliedschaft kündigen (§ **65**, 1), wobei das Aufgeben des Wohnsitzes durch eine öffentliche Behörde bescheinigt sein muß.

3. Die Genossenschaft aber kann auch von einem solchen Genossen verlangen, daß er seine Mitgliedschaft aufgiebt, d. h. kündigt. (§ **65**, 2.)

4. An eine Frist zur Kündigung ist ein solcher Genosse nicht gebundeu und die Kündigung ist seitens des Vorstandes ohne Verzug dem Gerichte (§ 10) einzusenden. (§ 67.)

Zahl der Genossen (siehe Mindestzahl).

Zahlungsunfähigkeit.

1. Sobald Zahlungsunfähigkeit einer Genossenschaft eintritt, ist der Konkurs zu eröffnen. (§ 91.)

2. Der Vorstand hat die Eröffnung des Konkurses beim Gericht zu beantragen. (§ 92.)

3. Bei Zahlungsunfähigkeit einzelner Genossen in der Umlage werden deren Beiträge zur Zahlung auf die übrigen vertheilt. (§ **98**, 3.) (Siehe Zusatzberechnung.)

Zeichnung für die Genossenschaft (siehe Willenserklärung).

Zeitbeschränkung (siehe Beschränkungen).

Zeitungen (siehe Blätter).

Zentralbehörde.

1. Das Recht, einen Verbandsrevisor anzustellen, verleiht die Zentralbehörde des Bundesstaates, in dem der Verband seinen Bezirk hat. (§ 55.)

2. Die Zentralbehörde des Bundesstaates hat bekannt zu machen, welche Behörde in dem Bundesstaate unter Staats-

behörde (§ 45) und unter höhere Verwaltungsbehörde (§§ 56, 57, 59 und 69) zu verstehen ist. (§ 171.)

Zinsen (siehe Verzinsung).

Zusatzberechnung (vergl. Umlage).

Die Zusatzberechnung ist eine Ergänzung der Vorschußberechnung, wenn einzelne Genossen in der Umlage sich als zahlungsunfähig erweisen und deren Beiträge dann auf die übrigen Genossen vertheilt werden müssen. Solche Zusatzberechnung ist erforderlichen Falls zu wiederholen. (§ 106.)

Zuständigkeit der Gerichte.

1. Dasjenige Gericht ist für eine Genossenschaft zuständig, in dessem Bezirke sie ihren Sitz hat. (§ 10.)

2. Für die Zweigniederlassung ist dasjenige Gericht zuständig, in dessem Bezirke sie ihren Sitz hat. (§ 14.)

3. Für die Klage gegen einen Beschluß der Generalversammlung (§ 49) ist ausschließlich das Landgericht zuständig, in dessem Bezirke die Genossenschaft ihren Sitz hat. (§ **49**, 2.)

4. Der Gerichtsstand der Genossenschaft zur Zeit ihrer Auflösung ist auch der Gerichtsstand bis zur Beendigung ihrer Liquidation. (§ **85**, 2.)

5. Zur Klage gegen die Zwangsvollstreckung in der Umlage ist das Amtsgericht, bei welchem der Konkurs anhängig ist, resp. das Landgericht, in dessem Bezirke der Verein seinen Sitz hat, zuständig. (§ 102 u. 105.)

6. Die Zuständigkeit der Verwaltungsbehörden entscheidet § 79.

7. Die letzte Instanz in Sachen der Genossenschaften ist event. das Reichsgericht in Leipzig. (§ 146.)

Zustellungen an die Genossenschaft.

In § 24 des Genossenschaftsgesetzes vom 4. Juli 1868 wurde bestimmt, an welche Personen Zustellungen an die Genossenschaft abzugeben seien. Im neuen Gesetze fehlt eine solche Bestimmung, da diese Frage inzwischen durch die Civilprozeßordnung gelöst ist.

Zwangsvergleich.

Eine Aufhebung des Konkursverfahrens durch Zwangsvergleich findet nicht statt. (§ 109.)

Die Genossen müssen auf Grund der Haftpflicht soviel durch Nachschüsse aufbringen, daß die Forderungen der Gläubiger gedeckt werden resp. als sie bei beschränkter Haft durch das Statut nachzuschießen verpflichtet sind.

Zwangsvollstreckung.

1. Der Gläubiger eines Genossen kann an dessen Stelle die Mitgliedschaft kündigen, wenn innerhalb der letzten 6 Monate eine Zwangsvollstreckung in das Vermögen des Genossen fruchtlos verlief. (§ 64.)

2. Die Vorschuß-, Zusatz- und Nachschußberechnungen müssen seitens des Konkursgerichtes vor Beginn der Einziehung vollstreckbar erklärt werden. (§§ 102, 105, 107 u. 108.)

3. Eine Klage gegen die Vollstreckbarmachung ist möglich. (§ **102**, 3.)

4. In § **102**, 3 sind die für die Klage zuständigen Gerichte bezeichnet.

Zweigniederlassung.

1. Jede Genossenschaft hat das Recht, Zweigniederlassungen zu errichten. (§ 14.)

2. Die An- und Abmeldungen, Einreichungen ꝛc., welche an das Gericht der Genossenschaft zu machen sind, müssen auch bei dem Gerichte der Zweigniederlassung gemacht werden. (§§ 148 u. 149.)

3. Die Richtigstellungen in der Generalliste im Oktober 1889 sind von dem Gerichte der Genossenschaft (§ 10) dem Gerichte der Zweigniederlassung (§ 170) mitzutheilen.

FSC
www.fsc.org
MIX
Papier | Fördert
gute Waldnutzung
FSC® C083411

Kolibri 360 GmbH
Ferdinand-Jühlke-Straße 7
99095 Erfurt, Deutschland
produktsicherheit@kolibri360.de